KB234530

극단주의

극단주의

카르타고 파괴에서
백인 우월주의까지
극단주의의 본질을 파헤친
간결한 입문서

J. M. 버거 지음
김태한 옮김

차례

감사의 말   6

1장   멸망해야 한다   9

2장   극단주의란 무엇인가?   33

3장   내집단과 외집단   61

4장   위기와 해법   85

5장   급진화   123

6장   극단주의의 미래   153

용어 해설   176

주석   180

더 읽을거리   202

언제나 그렇듯이 이 책을 쓰는 데 도움을 준 여러분께 깊은 감사를 드린다. 여기서 논의한 개념 대부분은 대테러 전략 커뮤니케이션Counter-Terrorism Strategic Communications, CTSC 프로젝트 책임자인 알라스테어 리드Alastair Reed의 지원과 지도를 받아 발전된 것이다. 그의 우정과 지원에 감사드린다.

헤이그 국제 대테러 센터와 CTSC 프로젝트를 통해 발표된 하로로 J. 잉그럼Haroro J. Ingram의 연구는 나 자신의 연구에 깊은 영향을 주었다. 우리가 나눈 대화와 그가 전반적으로, 그리고 이 책의 원고에 대해 피력한 의견은 큰 도움이 되었다. 또한 그가 광범위한 메시지 선전 활동에 관한 연구에 중요한 공헌을 하고 위기 및 해법 구성체에 관한 이론의 결정적 요소들을 개발한 것이 이 연구의 방향을 잡아주기도 하였다. '더 읽을거리'에 실린 그의 출판물들은 이 책을 위한 길잡이로 상당히 추천할 만하다. 불확실성과 극단주의에 대한 마이클 호그Michael Hogg의 연구와 그의 개념들을 토대로 한 다른 사람들의 연구도 나의 연구

  극단주의

에 매우 큰 영향을 미쳤다.

파리 고등연구소Paris IAS에서 열린 학회에서 강연할 당시 MIT 출판사 편집자 매슈 브라운Matthew Browne을 만난 일이 이 책을 출간한 계기가 되었다. 이 훌륭한 행사를 개최해준 이차크 프리드Itzhak Fried, 그리고 나를 초청하도록 중개해주었을 뿐 아니라 내가 많은 기회를 얻도록 전반적으로 지원해준 친구이자 옛 공동연구자이던 제시카 스턴Jessica Stern에게도 고맙다는 말을 해야겠다. 출판 과정을 안내해준 데 대해 MIT 출판사의 앤 마리 보노Anne-Marie Bono와 나의 대리인 마사 캐플런Martha Kaplan에게도 감사드린다. 아울러 이 책을 지원해주고 또 다른 친절을 베푼 복스폴의 마우라 콘웨이Maura Conway와 리사 매키너니Lisa McIner-ney에게도 감사를 전한다.

마지막으로, 또 무엇보다도 이 책을 비롯하여 이 분야에서 나의 모든 연구와 내 인생에서의 좋은 일들은 아내 재닛Janet이 베풀어준 사랑과 지원 없이는 불가능했을 것이다.

EXTREMISM

포터 스튜어트 Potter Stewart 대법관은 1964년 미국 대법원 의견서에서 법률적 목적으로 포르노를 정의하기 위해, 이 개념의 모호한 본질을 이제 악명이 높아진 일곱 개 단어로 요약했다. 포르노에 대한 적당한 정의를 제시할 수 없었기에 "척 보면 안다 I know it when I see it"라고 적은 것이다.[1]

그로부터 50년 이상 지난 지금 우리가 알게 된 것은 이러한 감식법이 전 세계에서 가장 절박한 문제 중 하나에도 적용된다는 것이다. 그것은 전 세계의 문명사회를 동요시키는 극단주의 운동들이 밀물처럼 밀려들고 있다는 문제이다. 거의 모든 이가 극단주의의 위협이 심각하다는 데 동의하지만, 극단주의는 대부분 "척 보면 안다"라는 스튜어트의 기준에 따라 분류된다. 그리고 포르노의 경우와 마찬가지로 우리는 어떤 것이 이러한 감식법을 통과하는가에 대해 합의하지 못하고 있다.

사전의 정의는 순환적이다. 이에 따르면 **극단주의**는 "극단적이라는 특질이나 상태" 혹은 "극단적 방안이나 견해의 옹호"[2]

이다. 학계와 정계에서는 다양한 정의가 난립하는데, 그중 일부는 지나치게 단순하고[3] 또 일부는 과도하게 복잡하다.[4] 그런 정의 중 다수는 지하디스트의 테러리즘 같은 하나의 특수한 운동 유형에 국한된다.[5] 또 일부 정의는 폭력 행사를 기준 삼아 판단한다.[6] 흔히 학자들은 특정 사회의 "중심" 혹은 "규범"에 상대적인 것으로 **극단주의**를 정의한다.[7] 정치에서는 극단주의가 갈수록 손쉽게 행사하는 모욕이 되었다. 그것은 "다른 자들"의 믿음을 특징짓고 비난하는 한 가지 방식인 것이다.

이러한 여러 정의에 흠결이 있는 이유는 분명하다. ("극단주의자는 극단적이다" 같은) 순환 정의는 무의미할뿐더러 쉽게 오용되기도 한다. 여러분이 동의하지 않는 의견을 가지는 누구에게나 적용할 수 있기 때문이다. 종교적 관점을 명시하는 정의에서는 세속적 운동이 빠지고, 그 반대도 마찬가지이다. 폭력을 기준으로 삼는 정의도 "척 보면 아는" 수많은 운동을 빼놓는데, 일부 분리주의자나 대안 우파, 혹은 무슬림 형제단의 적어도 일부 분파가 그렇다. 어떤 사회의 규범이나 "중심"에 기반한 정의는 특히 위험하다. 아메리카 대륙이나 나치 독일의 인종적 노예제와 같이, 역사상 성공적이고 중요했던 극단주의 체제를 빼놓기 때문이다.

"극단주의란 무엇인가?"라는 질문에 대한 답은 자명해야 할 것 같지만, 전혀 그렇지 않다. 폭력적 극단주의가 우리 시대를 규정짓는 도전으로 널리 인정되는 상황에서, 이러한 정의의 실패는 현실적으로 엄청난 결과를 초래한다.

　　　　　　　　　　　　　　　　　　　　　　　극단주의

폭력적 극단주의가
우리 시대를 규정짓는 도전으로
널리 인정되는 상황에서,
이러한 정의의 실패는 현실적으로
엄청난 결과를 초래한다.

미국에서 **극단주의**라는 용어는 흔히 여러 인종이나 여러 당파의 경계를 가로지르며 맥락 없이 내뱉어진다. 서구 전반에서 많은 사람은 이슬람교 전체가 생래적으로 극단적이라고 주장하면서, 무슬림의 시민적 권리 축소부터 대규모 강제 수용까지 온갖 정책을 지지한다. 이슬람교 내부에서도 어떤 종파, 운동, 국가가 규범적이고 어떤 종파, 운동, 국가가 극단주의자인지를 둘러싸고 격렬한 논쟁이 벌어지고 있다.

이러한 논쟁은 극단주의 연구에 영향을 미친다. 지하디즘을 언급하는 연구가 백인 민족주의를 언급하는 연구보다 세 배쯤 많을 것이다.[8] 정치적 영향력을 지닌 일부 사이비 지식인들은 백인 민족주의가 지하디즘보다 훨씬 덜 중요하다고 주장한다. 백인 민족주의의 역사가 훨씬 더 길고 치명적이었는데도 말이다. 그리고 그들은 이런 주장에 부응하는 정책을 세운다.[9]

여러분이 만약 "다른 자들"만 극단주의자를 낳을 수 있고 여러분이 속한 정체성 집단은 그럴 수 없다고 믿는다면, 여러분 자신이 극단주의자일지도 모른다. 극단주의가 오로지 어떤 인종, 종교, 국가에만 나타나는 사안이 아니라 인간 조건에 속하는 것이라는 역사적 증거는 차고 넘친다. 모든 폭력이 극단주의는 아니다. 또 인류의 허다한 전쟁과 갈등과 만행이 모두 극단주의도 아니다. 이 중에서 많은 사례는 모호하지만, 일부 사례는 이 단어에 대한 우리의 현대적 관념에 깔끔하게 맞아떨어진다.

이 문제가 다양할 뿐 아니라 어디에나 있다는 사실은 이데

　　　　　　　　　　　　　　　　　　　　　　　극단주의

올로기적 신념이 일으킨 중대한 폭력의 역사를 살펴보면 알 수 있다. 다음에 서술한 여러 사례는 주로 필자의 이전 연구들을 기초로 선택되었는데, 이 연구들은 잘 정리된 이데올로기를 서술하는 텍스트 번역본을 활용한 것이다. 전 세계에서 더 많은 관련 사례가 있으므로, 이 장에서는 이런 사례를 모두 포괄하는 것이 아니라 설명을 위해 몇 가지 사례를 든다. 일부 독자는 이 장에서 언급하는 몇몇 사례에 이의를 제기할 수도 있다. 어떤 면에서는 그것이야말로 이 작업에서 중요한 점이다. 그러나 그 다음 장들에서는 특정한 역사적 순간의 문화적 규범들을 넘어서 있는 극단주의 정의를 제시할 것이다.

여러분은 역사를 가로지르는 이 짧은 여정을 따라가면서 아래와 같은 몇 가지 질문을 염두에 두어야 한다. 극단주의는 자신이 속한 집단의 우월함과 관련되는가, 아니면 "타자"에 대한 혐오로 정의되는가? 극단주의자는 갑자기 등장하는가, 아니면 주류 운동으로부터 진화하는가? 그들은 사회 주변부에서만 발견되는가? 폭력은 극단주의를 구성하는 필수 요소인가? 극단주의자는 어떻게 신념을 결정하는가? 그들은 합리적인가? 온갖 변종이 수두룩한데 어떻게 극단주의를 객관적으로 정의할 수 있는가?

최초의 극단주의자?

고대 기록에 폭력이 가득하기는 하지만, 그것의 사회적 맥락이나 이데올로기적 정당화는 흔히 불완전하게 전승된다. 오늘날 우리가 아는 극단주의와 비슷한 사회적 경향이 나타난 최초 사례 중 하나는 기원전 2세기 로마와 카르타고의 전쟁이다. 예일 대 교수 벤 키어넌Ben Kiernan은 이를 "최초의 집단학살"[10]이라고 부른다.

오늘날의 튀니지에 있던 카르타고는 고대 로마의 지역 경쟁국의 수도였다. 로마는 세 차례에 걸친 무자비한 전쟁 끝에 그 도시를 점령한 후 시민들을 무장 해제했다. 그러나 일부 로마 정치인은 카르타고가 대단히 위험하므로 정복만으로는 그 위험을 제거할 수 없다고 주장했다.

대★카토로 알려진 로마 원로원 의원은 연설할 때마다 그 주제가 무엇이든 늘 "카르타고는 멸망해야 한다"라는 말로 끝맺기로 유명했다. 카토는 포퓰리즘 민족주의자의 원조였다. 그는 당대의 기준으로도 구닥다리 보수주의자였으니, 다시 말해 군국주의자, 여성 혐오자, 인종주의자였던 것이다.[11] 그는 당시 사회가 타락했다면서 신화적인 과거의 황금기와 비교했다. 그는 카르타고가 로마의 존립 및 로마 문화의 순수성을 위협한다고 믿었다. 그런 까닭에 승리만으로는 충분치 않은 것이다. "카르타고는 멸망해야 한다."

제3차 포에니 전쟁이 나자마자 거의 곧바로 카르타고는 로마에 항복하고 무장을 해제했다. 이 항복 조건이 흡족하지 않던 로마는 카르타고인들에게 도시를 떠나라고 요구했는데, 이때 이미 원로원은 이 도시를 파괴하기로 결정한 터였다. 시민들

　　　　　　　　　　　　　　　　극단주의

이 떠나기를 거부하자 로마는 카르타고를 포위하기 시작했고, 카르타고는 결국 쑥대밭이 되고 말았다. 카르타고의 항복을 무시하고 전쟁을 이어가기로 한 결정과 카토의 웅변 때문에 카르타고의 파괴는 그야말로 명백한 극단주의의 사례가 되었다. 카르타고가 함락되면서 목숨을 잃은 시민은 15만 명 이상으로 추정된다.[12]

카르타고는 집단학살과 민족주의적이고 폭력적인 극단주의에 대한, 상세하게 기록된 최초의 역사적 사례임이 틀림없다. 이보다 오래된 사건들에 대한 보고도 있기는 하다. 트로이 전쟁에 대한 기록이 그렇고, 이스라엘의 아말렉 말살을 묘사한 경전이 그렇다. 이런 사건들은 카르타고의 멸망만큼 자세하게 기록되어 있지는 않지만, 역사적으로 그보다 이전에도 어떤 극단주의 사상이 있었을 가능성을 암시한다.[13]

카르타고 이후로 역사 기록은 더욱 탄탄해졌고, 머지않아 다른 사례들도 등장했다. 열심당Zealots은 서기 1세기 초에 창시된 정체성 운동이다. 이 종파에 대한 연구는 많은데, 그중 일부는 이 집단에 대한 기독교적 해석에 물들어 있다.[14]

많은 반反로마 종파 중 하나인 열심당은 점령당한 유대 지역이 단 하나의 유대 정체성을 지닌다고 선언하고, 로마 침략자와 로마 통치에 협력하는 유대인을 비난했다. 열심당 창시자들은 유대인 부역자를 겁쟁이라고 비난하였고, 사제나 사제 군주가 통치하는 신정국가를 지지한다고 알려졌다. 또 열심당 추종자들은 이 운동의 이름의 어근인 "열심zeal"을 믿었는데, 이는 자신의 사상을 폭력을 통해 군사적으로 실행한다는 의미를 담고 있다. 그들은 예루살렘의 임시정부와 싸웠다.[15]

열심당 내에 존재하거나 그와 관계된 집단인 시카리 Sicarii 는 "사람이 사람 위에 군림하는 일은 없어야 하며, 신이 유일한 통치자이시다"라고 생각했다. 서기 65년에는 로마 통치에 순응한 유대인 제사장을 살해했다. 시카리는 암살, 재산손괴, 절도로 유명했다. 유대인 태생의 로마 역사가인 요세푸스 Josephus 가 남긴 기록에 의하면, 그들은 "옷 속에 단검을 숨긴 채 군중 사이에 섞여들어" 테러 예고도 없이 로마인과 유대인 양쪽을 다 습격했다. 그들은 잔학한 행위를 저지르는 자들로 유명세를 떨쳤다. 요세푸스에 따르면 시카리는 서기 74년에 산에 쌓은 보루인 마사다에서 포위당하자 항복보다는 집단 자결을 택했다.[16] 역사가들은 이런 이야기가 사실에 부합하는지 꽤 의심하고 있지만 말이다.[17]

암흑 시대와 중세 시대

서기 657년에 당시 신흥 종교이던 이슬람교는 처음으로 중차대한 분립을 겪었다. 카리지 혹은 (아랍어로 **분리**를 의미하는) 카와리지파派라고 부르던 종파가 반란을 일으킨 것이다.[18] 카와리지파 추종자들은 자신을 아스-아슈라, 즉 "파는 자들"이라고 불렀는데, 이는 낙원에서의 영생을 얻기 위해 현세에서 생명을 파는 것을 언급한 쿠란 구절과 관련된다.[19]

 극단주의

카와리지파는 칼리프 승계권을 두고 다툼을 벌이며 이슬람의 칼리프령領과 관계가 단절되었다. 이 운동은 두 세대 전에는 그러했다고 자신들이 상상한 이슬람 관습을 복원하고자 공을 들였다. 당시 칼리프이던 알리Ali는 카와리지파 반란군을 무참히 진압했고, 그 후 그 종파의 추종자에게 암살당했다.

많은 역사적 운동과 마찬가지로 카와리지파에 대한 관점도 시간의 흐름과, 역사는 승자의 기록이라는 잘 알려진 효과에 영향 받았다. 예를 들어, 교부 이레나이우스Irenaeus는 초기 기독교 영지주의 종파에 관해서는 최고 권위자였다. 그러나 잘 보존된 영지주의 텍스트 원전을 숨겨둔 곳이 1945년 발견되면서 이 종파에 대한 이레나이우스의 기록이 대부분 매우 부정확하다는 사실이 밝혀졌다.[20] 이단의 역사는 승자인 정통파가 쓰는 것이다.[21]

이런 관점에서 본다면, 주류 이슬람 역사가들의 다년간의 연구에서 카와리지파가 받은 폭력적 극단주의라는 평판이 얼마나 사실에 부합하는가는 명확하지 않다. 정치적인 이슬람을 연구하는 넬리 라후드Nelly Lahoud는 알리의 명성과 지위가 높아지는 데 비례해 카와리지파의 악명도 높아졌다고 쓰고 있다. 또한, 최근 이슬람 학자들이 지하드의 테러를 규탄하는 데 이 용어를 경멸적으로 쓰게 된 것도 이 집단을 보는 관점에 영향을 주었다.[22]

이런 점에 주의하기만 한다면, 카와리지파를 극단주의자로 보는 것도 일리가 있다. 열심당처럼 카와리지파도 열심을 가졌다고 알려졌는데, 이슬람 관습을 엄격하게 준수하고 수호하기 위해 정치 폭력을 행사하는 데 있어 그랬다. 대다수 기록에 의하면 그들은 이슬람의 황금기를 그리워하는 강경한 근본주의자였다. 그 황금기가 그들 생전에 막 지나가고 있던 것이기는 하지만. 그들의 집념은 너무 강해서 적까지 꼬드겨 추종자로 만들 수 있었다고 전해진다.

카와리지파는 다른 이슬람교도들의 순수성과 올바른 신앙을 평가하여 자신들의 이슬람 정의定義에 어긋나면 죽여버렸다고 한다. 이런 테스트에서 탈락한 이슬람교도는 물론이고, 여자와 태아를 포함하여 가족까지 잔인하게 살해했다는 것이다.[23] 그들은 아마 어떤 죄라도 지으면 이슬람의 배교자가 된다고 믿은 듯하다.[24]

중세에 벌어진 이슬람교와 기독교 간의 (그리고 이들 내부의) 전쟁은 너무 방대해서 여기서 자세히 다루기는 곤란하다. 다만, 13세기 로마 가톨릭교회에서는 각별히 기억할 만한 이단 사냥 사건이 발생했다. 카타리파派는 프랑스 남부가 근거지인 기독교 종파로서 정통 로마 가톨릭과 완전히 다른 신앙을 지니고 있었다. 그 종파의 관습도 사뭇 달랐는데, 이들은 독특한 성사聖事를 실천했고 당대의 일부 가톨릭 성직자와 달리 소박하게 사는 데 전념했다.

여러 교황이 카타리파에 사절과 교시를 보내 회개를 촉구했는데, 그 어조는 점점 무시무시해졌다. 이러한 촉구에 대해 카타리파는 때로는 격렬하게 반응했다고 전해진다. 결국 교황 인

　　　　　　　　　　　　　　　　극단주의

노첸시오 3세는 십자군을 소집하면서, "주님의 포도밭에서 쓸모없는 잡초를 뿌리 뽑을" 사람들의 죄를 모두 사해준다면서, 기독교인들에게 "복수의 주님이 타락한 자들과 타락시킨 자들을 물리치기 위해 하늘에서 땅으로 내려오시도록 땅에서 하늘로 쉬지 않고 외치면서, 정통 신앙의 열심으로 타올라 피로써 복수할 것"을 촉구했다.[25]

사상자는 엄청났고 고문이 횡행하고 카타리파 교도 수십만 명이 학살당했으며 종국에 그 종파와 지지자들은 일소됐다. 또한, 가톨릭교회와 카타리파의 분쟁은 곧 역사상 가장 끔찍한 제도 중 하나인 종교재판소 설치로 이어졌다.[26]

16세기에 들어서면서 스페인 정복자들은 아메리카 대륙을 식민지로 삼으려 했는데, 그 계획은 무력 정복으로 시작했지만 머지않아 인종 극단주의로 고조되었다. 그들은 인류 역사상 가장 참혹한 집단학살을 자행했고, 그 결과로 아메리카 대륙의 선주민 사회들이 모조리 파괴되었다. 정복자들이 벌인 짓으로 목숨을 잃은 사람은 7천만 명에 달했는데, 계획적 집단학살, 노예화의 영향, 치명적 질병의 유입으로 벌어진 일이었다.[27]

전쟁과 극단주의의 경계는 명료하지 않은 경우가 많다. 그러나 정복자의 군사 행동은 수치스러울 만큼 과도했을 뿐 아니라 이데올로기로 정당화되었다. 스페인 철학자 후안 히네스 데

세풀베다Juan Ginés de Sepúlveda는 아메리카 대륙의 선주민들이 "인간성의 흔적이 거의 없어서" 그냥 정복당하고 노예가 되어야 마땅한 "반쪽 인간" 혹은 "난쟁이"라고 썼다.[28] 훗날 신대륙과 호주로 향한 식민주의자들도 오만가지 이데올로기를 동원하여 자신의 행동을 정당화했지만, 십중팔구 잔인하고 엄청난 탐욕을 마음껏 채우기 위한 얄팍한 핑계였을 따름이다.[29]

전반적으로 노예제도는 수천 년 동안 몇몇 문화권에서 전쟁과 정복의 일부였고 범죄자 처벌이나 부채 상환을 위한 법률적 수단이었다. (노예의 후손도 노예가 되어야 한다는) 세습노예 혹은 동산動産노예는 원래는 그다지 일반적이지 않았으나 15세기 이후 널리 확산됐다. 여러 교황의 선포가 아메리카 대륙의 식민화 및 이와 동시에 부상한 아프리카 노예무역 관행을 정당화하는 데 일조했기 때문이다. 이러한 논란의 과정 동안 선주민을 비롯한 백인 아닌 인종도 인간으로 간주할 수 있는가, 또 이와 무관하게 그들을 노예화하는 것이 정당한가에 관해 (가톨릭과 개신교 모두에서) 여러 종교적 관점이 서로 충돌했다. 이러한 모호함과 관점 변화에도 불구하고 이 제도는 점차 확산하고 인종화되었다.[30]

식민지 시대의 미국 버지니아에서는 세습노예를 합법화하는 법안이 통과되었고, 곧이어 다른 식민지들도 뒤따르면서 이런 관습은 초기 미국의 경제와 문화에 깊이 뿌리내렸다. 노예제의 도덕성에 대한 의견 충돌은 서서히 한 국가를 분열시킬 만큼 강력한 힘으로 발전했다. 19세기 초 노예제 폐지 운동이 부상하

 극단주의

여 이러한 소위 "독특한 제도"의 정당성을 공격했는데, 이는 오히려 극단주의적인 노예제 옹호 이데올로기가 구체화되고 성문화되는 결과를 낳았다.[31]

"지금 주인과 하인으로 함께 사는 서로 다른 이 두 인종이 과연 언젠가는 분리될 수 있을 것인가?" 노예제를 옹호한 작가 토마스 로더릭 듀Thomas Roderick Dew가 던진 물음이다. "흑인들은 그들의 고향 아프리카로 돌아갈 수 있을 것인가? 아니면 그들이 노예 신분에서 해방되어 그 문명과 권리 수준이 백인과 동등한 수준으로 향상할 날이 올 것인가?"[32]

노예제를 유지하기 위한 장황한 정당화가 이데올로기를 이용해 이루어졌다. 이 과제에 뛰어든 남부 지식인들은 성경뿐 아니라 "과학적" 자료들까지 인용했다. 그들은 역사 속 선례들까지 이용하기 위해 이 제도를 바탕으로 번영한 과거 문명들을 끌어들였다(그러면서 대개는 비세습 노예제와 그로부터 파생된 인종적 세습 노예제의 차이를 무시했다).[33]

이런 관행이 이루어지는 동안에 미국을 비롯한 여러 곳에서 얼마나 많은 노예가 억류되어 있었는지는 확실하지 않다. 그러나 적어도 1천만 명의 아프리카 노예가 아메리카 대륙으로 인신매매되었으며, 남북전쟁이 끝날 무렵에는 미국에서만 400만 명에 가까운 노예가 자유를 얻었다. 아프리카 노예무역의 희생자, 그리고 세습 노예제의 후속 세대들은 분명히 수천만 명에 육박하며, 이는 인류 역사상 가장 커다란 수치 중 하나이자 극단주의의 가장 커다란 승리 중 하나이다.[34]

반유대주의적 극단주의의 기원은 종교적 측면에서는 수천 년 전으로 거슬러 올라가지만(3장 참조), 그것이 유대 정체성을 종교뿐 아니라 인종으로도 이해하는 이데올로기로 진화한 것은 19세기 후반 프랑스와 독일에서이다. 반유대주의적 신념은 특히 독일에서 맹렬하게 세를 떨쳤는데, 그 이유는 수십 년 동안의 전쟁과 사회적 격변으로 인한 상실과 불안을 책임질 소수자를 박해하기에 이상적인 여건이 조성되었기 때문이다.[35]

독일의 민족주의와 악성 반유대주의로 일어난 여러 사건은 하나의 물줄기로 합쳐져 종국에는 나치 정권의 분탕질로 이어졌다. 나치 정권은 1933년에서 1945년 사이에 집단학살 작전, 끔찍한 강제 수용소, 대규모 기아 공작, 여타 잔혹 행위들로 유대인 600만 명과 그 외의 사람들만 최소 1200만 명을 살해했는데, 이는 전체적으로 수천만 명에 달하는 전사자는 제외한 수치이다.[36]

나치는 패망했어도 나치 사상의 유독한 요소들은 오늘날에도 세계 곳곳에서 이를 계승하는 수백 가지 운동에서 살아 있다. 이들의 활동은 독일의 인종적 순수성과 민족주의뿐 아니라 미국, 그리스, 러시아, 호주에 이르기까지 광범한 백인 우월주의 신념에 사로잡혀 있다. 나치즘의 영향은 비교적 소규모인 노골적 추종자 집단들뿐 아니라, 광범위한 국제적이고 정치적인 역학에서도 지속되고 있다.[37] "세계주의자_globalist_"〔유대인의 멸칭〕

　　　　　　　　　　　　　　　　　　　　　　　　

같은 완곡어를 사용해 반유대주의 수사를 한없이 되풀이하며 정치를 좀먹는 음모론자들도 여기 포함된다.[38]

20세기는 극단주의가 팽배했다. 1901년 무정부주의자가 미국 대통령 윌리엄 맥킨리를 암살한 사건, 1914년 세르비아 민족주의자가 오스트리아 대공 프란츠 페르디난트를 암살한 사건(제1차 세계 대전 발발에 영향을 미친 사건 중 하나), 1930년대 스탈린주의자들의 학살 사건들, 1994년 르완다에서 100만 명에 달하는 투치족 학살.[39] 그 외에도 많은 사건이 있었는데, 충분히 기술하려면 이 책의 한 장章은 고사하고 한 권으로도 모자랄 만큼 많다.

1979년 겨울 이슬람 세계를 뒤흔든 여러 사건으로 오늘날 극단주의 문제를 둘러싼 토론 대부분을 지배하는 골칫거리인 지하드 운동의 무대가 마련되었다. 우선 이란 혁명가들이 세속주의 정부를 전복하고 극단적 신정국가를 수립했는데, 이는 훗날 가공할 시아파 지하드 운동 조직인 헤즈볼라를 비롯하여 여타 시아파 민병대 조직들이 출현할 발판이 되었다. 곧이어 사우디아라비아에서는 종말론 극단주의자들이 이슬람에서 가장 신성한 장소인 메카 대사원을 점거했으며, 이 테러 사건으로 수백 명이 사망하고 국가가 몇 주 동안 마비되었다.

가장 결정적인 사건은 아마 1979년 말에 소련이 아프가니스탄을 침공한 일인데, 이 일이 도화선이 된 수십 년간의 사건들은 21세기의 윤곽을 형성했다. 이슬람 국가를 겨냥한 그 침공에 대응하여 처음에는 수백 명, 나중에는 수천 명의 외국인 전사들이 아프가니스탄에 들어가서 이슬람 신자를 수호하는 전사인 무자헤딘이 되어 소련과 싸웠다. 미국은 처음에는 무자헤딘을 자유의 전사로 여겼다. 무자헤딘 지도자들은 미국의 초청을 받아 미국의 정치인들을 만났다. 미국 국무부는 공공연하게 찬사를 보냈고 CIA는 비밀리에 그들을 지원했다. 외국인 전투 대대를 이끌던 압둘라 아잠Abdullah Azzam은 미국을 여러 차례 방문하여 전투에 참여할 미국인 이슬람교도를 공개 모집했다.[40]

10년 가까이 이어진 전쟁이 소련의 철군으로 서서히 끝나 가기 시작했을 때 외국인 전사 운동의 참전 용사들은 아직 할 일이 남았다는 결론을 내렸다. 1988년에 오사마 빈 라덴은 아프가니스탄 참전 용사들로 구성된 작은 집단을 이슬람 세계 재건에 전념하는 알카에다로 조직했다. 초기의 알카에다는 전 세계의 이슬람 테러리스트와 반군을 돕는 소규모 비밀 조직이었다.

1990년대에 세르비아의 민족주의 극단주의자들이 자행한 집단학살의 결과로 보스니아의 이슬람교도 수천 명이 살해되었으며 추방되거나 강제 수용소에 갇혔다. 이러한 극단주의자들의 공격은 극단주의적 반응을 촉발했다. 최소 수백 명의 외국인 지하드 극단주의자(그들 중 다수는 알카에다에게 훈련받았거나 그 조직과 관계가 있었다)가 보스니아 출신 지하디스트 수백 명과 더불어 이슬람 수호에 동참한 것이다.[41] 1995년에 중재를 통해 교전 당사자들 간의 위태로운 평화가 성립되기는 했지만, 이 지역은 여전히 양 진영의 수많은 극단주의자 때문에 골치를 썩이고 있다.[42]

알카에다는 중동의 부패한 정권들을 전복하고 그 자리에 수니파 신정국가들을 세우고자 했다. 빈 라덴과 그의 추종자들은 아랍 통치자들에 대한 미국의 재정 지원 및 군사 지원을 끊어내지 않고서는 이 운동을 완수할 수 없다고 믿었다. 그래서 알카에다는 미국을 겨냥한 테러 공격을 실행하기 시작했다. 처음에는 (1993년 세계무역센터 폭탄 테러처럼) 자신과 느슨하게 연계된 극단주의 단체들을 지원하는 방식이었다면, 나중에는 (1998년 동아프리카 주재 미국 대사관들을 겨냥한 동시 폭탄 테러처럼) 자신이 직접 고도로 전문적인 작전을 수행하는 방식이었다.

2001년 9월 11일 알카에다는 역사상 가장 충격적인 테러 공격을 감행했다. 네 대의 비행기를 납치하여 그중 세 대를 세계무역센터 빌딩과 국방부 청사에 충돌시키는 데 성공한 것이다. 이에 대응하여 미국이 시작한 "테러와의 전쟁"은 오늘날까지도 계속되고 있다. 이 사건이 초래한 사회적, 정치적인 격변으로 인해 이슬람이 극단주의와 관련한 공적 토론이나 정책의 중심에 놓이는 경우가 너무 빈번해졌다.[43]

미국이 알카에다 본거지인 아프가니스탄을 침공하자 그 조직은 여러 지역으로 퍼져나갔는데, 처음에는 상대적으로 중앙집권적인 지부 모델을 취했다. 그러나 시간이 지나면서 내부 정책과 외부 압박 때문에 조직의 결속력이 시험대에 올랐다. 지부들이 자기 지역에서 반란을 일으키는 일이 잦아지면서 차츰 미국을 겨냥하거나 세계적으로 벌이는 지하드 활동에 초점을 두지 않게 되었다.

가장 중대한 균열은 이라크에서 일어났다. 이라크는 2003년 미국의 이라크 침공에 대응하여 최초의 공식적인 알카에다 지부가 세워진 곳이었다. 이라크의 알카에다를 세운 자는 빈 라덴보다 훨씬 더 극단적인 견해를 가진 요르단 지하디스트인 아부 무사브 알자르카위 Abu Musab al-Zarqawi였다. 이라크의 알카에다는 곧 빈 라덴의 알카에다와 충돌했다. 미국 및 이라크 군대와 10년이나 싸우면서 많은 성공을 거둔 이라크 알카에다는 일련의 조직 개편을 거쳐 마침내 알카에다로부터 완벽히 독립된 실체로 자리 잡았고 IS Islamic State〔이슬람 국가〕 혹은 ISIS로 알려지게 되었다.

이어지는 장들에서 상세히 기술할 IS는 알카에다 이데올로기가 진화한 것이다. IS는 알카에다보다 훨씬 더 폭력적이었고 공격 목표도 훨씬 더 다양했다. 알카에다가 수니파 이슬람교도 사상자는 최소화하려 한 데 반해(선택적으로 그렇게 했으며 엇갈린 결과들을 낳았다), IS는 수니파 이슬람교도를 수백 명씩 학살했다. 또한, 알카에다가 이슬람 종파인 수니파와 시아파의 분열에 크게 개의치 않았던 데 반해 IS는 이 분열을 심화하는 것을 계산에 넣고 공격을 실행했다. 그리고 시아파 이슬람교도를 그 누구보다도 증오스러운, 심지어 그토록 증오하던 미국인이나 유대인보다도 증오스러운 철천지원수로 삼았다.[44]

지하드 운동이 급속도로 확산하고 다각화하자 극단주의를 이해하는 문제는 점점 더 논쟁적이고 의견이 분분하고 혼란스러워졌다. 시리아의 바샤르 알아사드 Bashar al-Assad 정부는 시민을 수천 명씩 잔인하게 살해하면서 이런 대학살을 극단주의자와의 전쟁이라며 정당화하고 있다.[45] 시리아의 반정부 진영 안에서도 제어하기 어려운 내분이 벌어지고 있는데, 이런 내분은 어느 반군이 숭고한 반정부 진영이고 어느 반군이 지하디스트 극단주의자인가를 둘러싸고 벌어지는 것이다.[46] 그리고 시리아의 진정한 지하디스트들조차도 더 극단적인 진영과 덜 극단적인 진영으로 갈라져서, 끊임없이 상대를 극단주의라고 규탄하고 자신은 무고하다고 주장하고 있다.[47] 지하드 반군들은 극단주의를 서로에 견주어 규정하고 대부분 반군의 숙적인 IS에 견주어 규정한다. 그들의 이데올로기는 서로 빼닮았는데도 말이다.[48]

이제 극단주의의 복잡성으로 인해 모든 논의가 엉망이 되었는데, 이는 모든 정치적 차이를 극단주의라는 틀로 서술하려는 너무나 인간적인 경향 탓에 더 심해졌다. 이스라엘의 팔레스타인 정책에 대한 합리적 비판조차 이따금 반유대주의 수사로 변질되곤 한다. 한편 국제적으로 테러집단으로 지정되었으나 팔레스타인 영토의 상당 부분을 통제하고 있는 하마스는 내부적으로는 더 극단적인 파벌과 덜 극단적인 파벌로 분열되었음에도 통치에 참여하고 있다.[49]

미국에서 부상하는 대안 우파 운동은 이슬람 자체가 근본적으로 극단주의라는 주장을 함으로써 이슬람교도에 대한 편견을 드러내는데, IS가 저지르는 잦은 테러 공격은 이러한 편견을 더욱 부추긴다. 대안 우파가 보기에 모든 이슬람교도는 잠재적 테러리스트이자, 이슬람의 미국 지배를 위해 문화적으로 침

이제 극단주의의 복잡성으로 인해
모든 논의가 엉망이 되었는데,
이는 모든 정치적 차이를
극단주의라는 틀로 서술하려는
너무나 인간적인 경향 탓에
더 심해졌다.

투하는 요원이다.[50]

미얀마에서는 불교도들도 이러한 과정에 진입했다. 이들은 지난 수십 년 동안 이슬람 소수민족인 로힝야족을 차별하거나 그보다 더 나쁘게 대했고 이제는 인종청소 캠페인을 새롭게 시작했는데, 이런 캠페인은 이 글을 쓰는 시점에는 집단학살로 급격히 기울고 있다. 과격한 불교 승려인 아신 위라투Ashin Wirathu는 다른 나라들의 반이슬람 극단주의자가 그러듯이, 자신이 공격하는 사람들이야말로 진짜 극단주의자라고 말한다. 위라투는 "자애와 자비가 넘치는 사람이라도 미친개 옆에서 잘 수는 없는 법"이라면서, 불교의 전통적 교리를 증오와 공포를 불러일으키는 자신의 캠페인과 조화시키려고 한다.[51]

이와 같은 현대의 사례나 역사 속의 사례에서 배울 점이 있다면, 그것은 바로 극단주의를 정의하는 일은 그리 간단하지 않다는 것이다. 생사가 달린 문제에 있어 "척 보면 안다"는 기준은 받아들이기 어렵다. 극단주의가 저지른 폭력으로 인해 역사의 흐름이 바뀌기를 반복해온 이 세상에서 이런 기준은 충분하지 않다.

그러면 어떻게 시작해야 하는가? 단일 유형의 이데올로기에서 벗어나 있는 극단주의는 어떻게 이해할 수 있는가? 극단주의에 대한 우리의 논의를 어떻게 일반적인 정치적 이견들로부터 떼어놓을 수 있는가? 극단주의를 더욱 깊이 이해하는 것이 어떻게 엄청난 인명 손실을 줄일 수 있는가? 이 책은 이러한 질문에 답하려 한다.

2장   극단주의란 무엇인가?

저명한 정치 이론가 한나 아렌트는 이데올로기란 현대의 발명품으로서, 아돌프 히틀러와 이오시프 스탈린과 같은 자들이 등장하면서 비로소 그 정치적 영향의 중요성이 드러나기 시작했다고 주장했다.[1] 그러나 앞 장에서 검토한 역사에 따르면 (전체주의라는 배경에서 제기된) 이 주장은 틀렸다. 물론 모든 역사를 완벽하게 검토한 것은 아니지만, 극단주의로 볼 수 있는 신념을 검토해보면 거의 역사의 기록이 시작된 이래로 쭉 인류를 괴롭혀 온 이 문제의 범위가 얼마나 엄청난지 알 수 있다.

극단주의에 관한 객관적 연구는 곧 주요한 세 가지 진실에 귀착한다.

- 극단주의는 단순하지 않다.
- 극단주의는 어떤 인종이나 종교나 정파의 영역이 아니다.
- 극단주의는 사회에 심각한 결과를 초래할 수 있다.

이러한 규정들은 골칫거리를 안겨준다. 이토록 다양한 도전에 어떻게 접근해야 하는가? 인류의 대부분 역사에서 지속해온 문제를 해결하기를 희망하는 것은 합당한가? 대체 극단주의란 무엇인가?

극단주의 운동은 매우 다양하지만 공통적인 요소들도 있기에 이해하는 길이 열린다. 극단주의를 논의하는 데 가장 유용한 틀 중 하나는 이른바 사회 정체성 이론인데, 이는 집단 간의 역학을 이해하기 위해 사회심리학자 헨리 타즈펠Henri Tajfel과 존 터너John C. Turner가 개발한 접근 방식이다.[2]

사회 정체성 이론에 의하면 사람들은 그들 자신과 다른 사람들을 서로 경쟁하는 사회 집단들에 속하는 성원으로 분류한다. **내집단**은 종교, 인종, 국가 등의 정체성을 공유하는 사람들의 집단이다. 내집단은 어느 한 사람이 소속된 집단으로서, "우리 대 그들"이라고 말할 때 "우리"이다. **외집단**은 특정 내집단에서 배제된 사람들의 집단으로서, "우리 대 그들"이라고 말할 때 "그들"의 일부이다.

이 책에서 내집단과 외집단은 각각 어떤 **정체성**을 지니는데, 그것은 한 사람이나 한 집단을 다른 사람들이나 다른 집단들과 구별시킨다고 여겨지는 특질들의 집합이다. 공통의 정체성을 공유하는 사람들은 **정체성 집합체**를 형성할 수 있는데, 그것은 국가, 종교, 인종을 비롯한 공통의 특성, 이해관계, 관심사로 규정되는 사람들의 집단이다.

'**내집단**'에서 '**내**內'라는 표현은 지배력이나 평판이나 가치

　　　　　　　　　　　　　　　　　　극단주의

판단을 의미하는 것은 아니다. 안과 밖은 상대적 위치이다. 나의 내집단이 여러분의 외집단일 수도 있고, 나의 외집단이 여러분의 내집단일 수도 있다. 어떤 정체성에 대해서도 여러분은 집단 안에 있거나 집단 밖에 있다.

대부분 사회 운동에서 내집단과 외집단은 그저 다를 뿐이고, 반사적으로 적의를 일으킬 이유도 아닐뿐더러 그래서도 안된다. 다원적 사회는 개인 간의 차이나 집단 간의 차이를 인정할 뿐 아니라 환영하기까지 한다. 하지만 사람들에게는 어떤 외집단과 비교하여 자신의 내집단을 찬양하고 찬탄하려는 자연스러운 경향이 있다. 극단주의 운동에서는 이러한 경향이 어마어마하게 증폭된다. 내집단에 대한 충성은 지극히 중요하며, 특정 외집단은 위협적인 적으로 인식된다.

내집단과 외집단을 구분하는 것은 순전히 이분법적 과정이 아니다. 앞으로 살펴보겠지만, 내집단이라고 해도 언제나 단일한 집단은 아니므로 내집단을 세분화하는 것도 의미 있을 수 있다. 하나의 내집단에 대한 외집단이 둘 이상일 수도 있다. 예컨대 수니파 지하디스트에게 서로 다른 여러 외집단은 적이라는 중첩하는 원들이 된다. 많은 백인 민족주의자는 인종마다 특질이 서로 다르며 이런 인종들이 자신의 내집단에 대해 서로 다른 유형의 위협이 된다고 믿는다. 이러한 상황에서 극단주의자가 서로 다른 외집단에 대처하는 전략은 서로 다를 수 있다.

내집단과 외집단이 항상 분명하지는 않다. 그 둘은 정의되어야 한다. **범주화**는 자신을 어떤 내집단의 일부로 이해하고, 나아가 다른 사람들이 자기 내집단의 일부인지, 아니면 자기 외집단의 일부인지 규정하는 행위이다. **사회적 동일시**는 한 개인이 자신을 어떤 내집단의 일부로 규정하는 자기 범주화 행위이다. 이런 범주화의 심리적 결과는 사람들과 집단들이 그들 자신이나 그들과 다른 사람들을 바라보는 방식을 형성하는데, 여기에 대해서는 아래에서 논의할 것이다.

사람들은 흔히 내집단이 외집단보다 정당하다고 인식하곤 한다. 이러한 맥락에서 **정당성**은 어떤 정체성 집합체가 존재할 권리를 가지며, 그 정체성 집단을 정의하고 유지하고 보호하는 것은 옳다는 믿음으로 정의할 수 있다. 이 단어는 일상적으로 다양한 차원에서 사용되는데, 대부분은 극단주의와 별 관련이 없다. 그러나 곧 살펴볼 테지만, 정당성 추구는 많은 극단주의 운동의 핵심 요소이다.

모든 극단주의 집단은 (그리고 극단주의가 아닌 많은 집단도) 어떤 특정한 유형의 이데올로기가 있다. **극단주의**라는 말과 마찬가지로 이데올로기의 정의도 여러 가지인데 그중 어떤 것은 상당히 복잡하다. 극단주의가 아닌 정치 집단이나 종교 집단까지 아우르려면 보다 포괄적인 정의가 필요할 수도 있다.[3] 그러나 이 책의 맥락에서 **극단주의 이데올로기**는 누가 내집단의 일부이고 누가 외집단의 일부이며 내집단이 외집단과 어떻게 상호작용해야 하는지를 서술하는 텍스트 모음이다. 이데올로기적 텍스트는 책, 이미지, 강의, 비디오, 심지어 대화까지 포함하여 광범위한 미디어 유형을 포괄한다.

                              극단주의

정당성 추구는
많은 극단주의 운동의
핵심 요소이다.

많은 학자가 **이데올로기**를 주로 사상과 개념의 측면에서 정의하고 싶어 한다.[4] 나는 이것이 지나치게 애매하다고 생각한다. 사상과 개념은 텍스트에 들어 있는 것이며 그것이 텍스트에 담겨서 전파되어야 어떤 운동은 하나의 이데올로기를 가질 수 있다. 전파와 서사가 없다면 극단주의 집단은 존재하지 않고 그저 개별 극단주의자가 자신이 설계한 신념을 따를 뿐이다. 텍스트에 초점을 맞추면, 이처럼 전파의 중요성을 강조할 수 있을 뿐 아니라 이데올로기의 내용을 체계적으로 분석하고 그것의 진화를 시간의 경과에 맞춰 추적하기 쉬워진다.

극단주의자의 동물 우화집

이 책의 1장에서는 극단주의 운동의 다양성에 관한 사례를 일화적으로 보여주되, 이런 역사적 사례들을 대략 연대순으로 제시했다. 이 절에서는 이러한 사례들을 가장 일반적이고 중대한 극단주의 유형들로 범주화하려 한다. 일부 극단주의 운동은 다음 나열하는 범주들의 혼종이며, 또 다른 운동들은 이런 범주들의 상당히 특수한 부분집합이다.

모든 폭력이 극단주의인 것도 아니고, 모든 극단주의가 폭력적인 것도 아니다. 많은 범죄나 전쟁에는 폭력이 수반되는데, 이익이나 정당한 방어와 같이 개인이나 집단의 이해를 증진하거나 보호하기 위해서이다. 극단주의 정서가 대개 범죄나 전쟁과 공통분모를 갖기는 하지만, 단순한 폭력 행위는 (심지어 끔찍

극단주의

하고 사악한 폭력이라 해도) 그 자체가 내재적으로 극단주의는 아니다.

이로 인해 발생할 수 있는 모호하고 불분명한 상황은 상당한 분석이 필요하다. 또 어떤 문제는 결코 깔끔히 해결되지 않을 수도 있다. 가령 마피아나 다른 종족적 범죄조직에서는 종족성ethnicity이 중요한 역할을 하기는 하지만, 종족적 정체성을 고무한다는 이런 측면은 이익과 같은 다른 고려사항에 비해 부차적이다.

증오범죄도 이와 비슷하게 모호한데, 여기에 대해서는 4장에서 더 구체적으로 논의할 것이다. (이를테면 네오나치 스킨헤드 집단이 아프리카계 미국인을 공격하는 것 같은) 특정 증오범죄는 틀림없이 극단주의 이데올로기가 촉발하는 것이다. 하지만 어떤 다른 범죄들은 내가 "평범한" 증오라고 부르는 것, 즉 자신과는 다른 사람들에 대한 단순한 반감의 사례일 수도 있다.

한 가지 예는 술집에서 술 취한 남성 이성애자가 두려움이나 분노 때문에, 아니면 단순히 편협함 때문에 남성 동성애자를 공격하는 경우일 것이다. 공격을 가한 그 남자는 또렷한 이데올로기적 신념에 기대어 폭력을 정당화하는 것은 아닐 수도 있다. 이데올로기가 없다고 해서 그러한 공격이 덜 심각한 것은 아니지만, 이 경우는 모든 증오범죄를 극단주의로 간주해야 하는가에 대해 의문을 품게 만든다. 나는 평범한 증오를 이데올로기 극단주의와 구별하고 싶지만, 아직 논쟁의 여지가 다분하다. 예를 들어서 공격을 가한 그 남성의 태도가 사회에 만연한 이데올로기적 관념에 뿌리내리고 있다면 그 원인은 모호해진다. 증오 범죄에 대한 정부 자료는 그 세부적 동기가 무엇인가, 그리고 이데올로기가 영향을 끼쳤을 수 있는가에 관해서는 알려주지 못하는 경우가 많다. 이 문제를 밝히는 데는 정확히 거기에 초점을 맞춘 연구가 필요할 것이다.

이와 관련하여 테러리즘은 극단주의와 구분해야 한다. 둘은 나란히 작용하는 경우가 많기는 하지만 같은 것은 아니다. 테러리즘이 전술이라면, 극단주의는 신념 체계이다. 극단주의 운동은 보통 규모가 작기에 테러리즘 같은 비대칭 전술을 택하는 동기를 가지게 된다. 테러리즘을 활용하는 극단주의자라면 보통은 그런 결정을 이데올로기로 정당화한다. 하지만 테러리즘을 삼가는 극단주의자도 많으며, 테러리즘 전술을 이용한다고 해서 꼭 극단주의자인 것도 아니다.

극단주의의 주요 범주에는 인종이나 종족, 종교, 민족주의, 반정부, 무정부주의, 계급주의, 단일쟁점 운동, 젠더·성적 지향·성적 정체성이 관련된다. 이런 범주들은 종종 겹치기도 하는데 때로는 서로를 강화하는 방식으로 겹친다. 가령 어떤 종교를 민족 정체성과 짝짓거나 인종주의자가 반정부주의를 채택하는 식이다. 때때로 이처럼 융합된 이데올로기들은 그것을 이루는 부분들의 총합보다 더 복잡하고 유해할 수 있다.

인종/종족

인종 극단주의 운동은 인종 내집단이나 종족 내집단을 내세우

　　　　　　　　　　　　　　　　　　　　　　극단주의

며, 하나 혹은 둘 이상의 인종 외집단이나 종족 외집단을 겨냥한 적대 행위를 촉구한다. **인종**은 때로는 종족의 동의어로 사용된다. 그러나 인종은 때로는 종족적 차이들을 통합하기 위해 사회적으로 구성되는 개념이다. 후자의 가장 전형적인 예는 백인과 흑인의 차이이다. 이러한 용어들은 시대에 따라 서로 다르게 정의되어 왔다. 이를테면 폴란드, 아일랜드, 이탈리아에서 미국으로 온 이주자들은 지금은 백인으로 여겨지지만, 늘 그래 왔던 것은 아니다.[5]

인종 극단주의는 세상에서 가장 까다로운 문제 중 하나이다. 종교적 정체성이나 정치적 정체성에 기초한 극단주의 같은 다른 유형의 극단주의와는 달리, 인종 극단주의에서는 어떤 인종적 외집단에 소속한 사람은 보통은 박해에서 벗어나기 위해서 내집단에 합류할 선택권이 없다.

누가 외집단에 속하는지를 결정하는 유일한 권위는 내집단 성원에게 있는데, 이들은 상당한 지적 자본을 써가면서 "인종들" 사이에 넘나들 수 없는 경계를 긋는다. 아마도 가장 악명 높은 사례는 나치가 상세한 법률을 제정해서 누가 독일인으로 간주될 수 있고 (따라서 시민권이라는 특권을 누릴 수 있고) 누가 유대인인지를 (따라서 박해당하게 될지) 정의한 일일 것이다. 나치는 유대인이 독일인으로 "되는 것"을 막고자, 심지어 여러 세대에 걸친 동화를 통해 그렇게 되는 것까지 막고자, 유대인과 독일인 간의 혼인을 범죄로 규정했다.[6]

인종의 정의를 영구적으로 고정하려 제아무리 애써도, 그

런 경계는 주류 인종 정체성에서나 극단주의 인종 정체성에서
나 변하기 마련이다. 그러나 그런 변화 과정에는 대개 여러 세
대가 소요된다. (이른바 **패싱**[발각되지 않은 채 인종 정체성의 경
계를 가로지르는 것을 뜻한다]에서처럼) 내집단에 속하고자 자기
혈통을 감추지 않는 한, 외집단 성원은 내집단의 정식 성원이
될 선택권이 없다.

인종 극단주의 운동의 성격은 인종 내집단이 그 주류 사회
에서 다수파인지 소수파인지에 얼마간 영향을 받지만, 인종 극
단주의 운동에는 다수파와 소수파라는 두 가지 유형이 다 있다.
예를 들면 미국에는 다양한 백인 민족주의 운동과 흑인 민족주
의 운동이 있다.

극단주의는 어떤 외집단을 겨냥한 적대 행위에 흔들림 없
이 헌신할 것을 요구하는데, 이에 대해서는 이 장에서 나중에 좀
더 구체적으로 논의할 것이다. 다수파인 내집단은 소수집단이
법의 보호를 동등하게 받으려 하거나 정당한 불만 사항의 시정
을 요구하면 이들을 극단주의자로 그릇되게 규정할 수도 있다.
가령 미국의 일부 우익 극단주의자들은 '흑인의 목숨도 소중하
다Black Lives Matter' 운동을 극단주의라고 비난하지만, 법의 보호를
동등하게 받으려는 캠페인 자체가 극단주의인 것은 아니다.

종교

대다수 종교는 자신의 신앙과 실천이 다른 모든 종교보다 객관
적으로 우월하다고 못 박는다. 종교적 외집단의 성원은 대개 그

 극단주의

릇된 신앙 때문에 어떤 벌을 받지만, 이 벌이라는 것은 종종 막연할 따름이다. 가령 내세의 낙원에 들어가지 못한다거나, 열등한 존재로 환생한다거나, 깨달음과 평화를 얻지 못할 것이라고 예단하는 등이다.

이에 반해 종교 극단주의자는 여기 현세에서 외집단을 처벌한다. 인종 극단주의와 마찬가지로 이러한 처벌은 따돌림, 차별 행위, 심지어 궤멸까지 포함할 수 있다. 신정국가 수립은 일반적으로 극단주의 스펙트럼의 어딘가에 자리 잡는데, 그 이유는 대부분의 신정이 그 종교의 신자가 아닌 이들을 처벌하기 때문이다. 다시 말해, 신자가 아닌 이들에게 그들이 공유하지 않는 가치와 관행을 지키도록 강요하거나, 차별이나 억압에 복종하게 만드는 것이다.

하지만 인종 극단주의자와는 달리 종교 극단주의자는 대개 외집단 성원이 자발적이든 위협을 받아서든, 비교적 일관된 절차를 따르는 개종을 통해 내집단에 들어올 수 있는 어떤 공고한 메커니즘을 가지고 있다. 실제로 극단주의 집단에 꽤 많은 개종자가 속하는 경우는 흔하다. 이러한 의미에서 종교 극단주의는 인종 극단주의보다 아주 조금이나마 다루기 쉬워 보일지도 모른다. 그렇지만 종교 극단주의자의 폭력성과 편협성도 인종 극단주의자에 못지않게 극심할 수 있다.

민족주의

민족주의는 보통 다른 민족의 이익이나 전 세계의 이익보다도

자민족의 이익을 진흥하는 것으로 인식되는데, 이는 대개 다른 민족보다 우월하다는 감정과 결합한다. 물론 여기 속하는 시민이 (미국인이라는 데 자부심이나 감사를 느끼는 것처럼) 어느 정도 민족주의 정서를 느끼는 것은 정상적일 뿐만 아니라 유익하기까지 하다.

하지만 민족주의 극단주의는 이를 다른 차원에서 받아들여서, 외집단을 겨냥한 적대 행위를 통해 민족을 보호해야 한다고 주장한다. 이는 간혹 다른 민족이나 전 세계를 겨냥한 적대 행위를 한다는 의미이기도 하다. 그러나 민족주의 극단주의는 흔히 이주와 관련되는데, 달리 말해 시민권을 어떻게 정의하고 부여하는지와 관련되는 것이다.

그러한 까닭에 민족주의 극단주의는 시민이 될 자격을 인종적으로나 종교적으로 제한한다는 개념과 암묵적으로든 명시적으로든 짝을 이루는 경우가 많다. 미국은 역사상 다양한 종족 배경과 종교 배경의 이주자에게 적대감을 드러내는 이런 민족주의 극단주의 물결을 여러 차례 경험했다.

오늘날 미국의 많은 민족주의 극단주의자는 주로 이슬람교도에게 집착하면서, 이슬람교도는 일차적으로 이슬람에 충성하므로 진정한 미국인일 수 없다고 부르짖는다. 미국사에서 이전에도 비슷한 논쟁이 일어난 바 있는데, 로마 가톨릭 신자들과 그들이 교황에게 충성한다는 인식을 둘러싼 것이었다.[7] 반이슬람 극단주의자 중 다수는 기독교인이고 이들은 자신이 기독교 국가라는 미국의 정체성을 수호한다고 믿고 있다. 그렇지만 몇

　극단주의

가지 주목할 만한 예외가 있다. 다른 이유로 이슬람 이주자를 반대하는 유대인과 무신론자가 그렇다. 이는 일종의 혼종적 민족주의로 귀착하는데, 여기에서는 다소 모호한 민족적 정체성을 지닌 내집단이 하나의 특정한 종교적 외집단 혹은 인종적 외집단에 반대하는 것이다. 종교에서 그렇듯 민족주의에서도 외집단 성원이 내집단에 들어가 시민권을 획득하는 절차가 확립되어 있다. 그러나 종교적 개종을 대개 수용하고 나아가 환영하기도 하는 종교 극단주의자와 달리, 민족주의자는 보통은 시민권 관련 절차에 분노와 정치적 행동을 집중하여 이런 절차를 제한하거나 심지어 제거하려 든다.

그렇다고 해서 질서정연한 시민권 규칙 확립 및 이민 관련 법률 시행에 관한 논의가 모두 그 자체로 극단주의는 아니다. 그런 논의가 현재와 미래의 이주자에 대한 적대적 조치를 중심으로 전개될 때 극단주의가 쟁점으로 떠오르는 것이다.

반정부

반정부 극단주의자에게 외집단은 그들 자신이 사는 나라의 정부이다. 늘 그런 것은 아니지만, 반정부 이데올로기는 건국의 가치나 원칙이 변질됐다는 믿음과 결부된 경우가 많다. 정부와 정부 지지자들은 적으로서의 외집단이다. 내집단의 정의는 이에 비해 덜 명확하다. 어떤 사람들에게는 전형적인 일반 시민이 내집단이다. 또 어떤 사람들에게 내집단은 특정 가치를 공유하거나 현 정부의 부당성을 인식하는 사람들로만 이루어진다. 민족주의 극단주의에서처럼, 반정부 극단주의에서도 정부라는 외집단이 인종 차원이나 종교 차원과 결부될 수 있다. 예컨대 많은 미국의 반정부 극단주의자는 미국 정부의 부패가 유대인의 음모로 빚어진 결과라고 믿는다.[8]

무정부주의

무정부주의자가 반정부 극단주의자와 다른 점은 기존의 특정 정권만이 아니라 모든 유형의 강요된 정부에 반대한다는 것이다. 무정부주의자는 사람들이 자발적이고도 자연스럽게 조직된 기초 위에서 사회에 참여해야 한다고 믿는다. 그러나 단순히 이런 믿음 자체가 극단주의인 것은 아니다. 기존 정부와 기존 정치 참여자들에게 적대 행위를 해야 한다고 믿지 않는다면 말이다.

누구나 예상할 수 있듯, 무정부주의는 그 반조직적 특성 때문에 대규모의 응집력 있는 운동을 펼치기 어렵다. 그러나 무정부주의 극단주의는 19세기 후반과 20세기의 상당 기간 무시할 수 없는 폭력 세력이었다. 러시아 차르 알렉산드르 2세Alexander II, 프랑스 대통령 마리 프랑수아 사디 카르노Marie François Sadi Carnot, 미국 대통령 윌리엄 매킨리William McKinley, 이탈리아의 국왕 움베르토 1세Umberto I, 오스트리아 황후 엘리자베트Elisabeth를 비롯한 여러 서양 강대국 지도자가 그들에게 암살되었다.[9]

계급투쟁이라는 말은 대부분 들어본 적이 있을 테고, 많은 이들은 아마 이런 말을 듣고 짜증이 났을 것이다. 계급은 종종 다른 정체성 유형들의 갈등에서 중요한 부분을 이루지만, 계급을 둘러싼 갈등 자체는 일반적으로 극단주의로 분류되지 않는다.

그러나 계급은 충분히 대체할 수 있는 재화이고, 유동적일 뿐 아니라 인식과 상대적 지위에 크게 좌우된다. 사람들은 여타 정체성에 비하면 계급을 훨씬 수월하게 넘나든다. 따라서 계급에 기초한 운동은 지속하기 어렵다. 그 이유 중 하나는 이런 운동이 성공하면 내집단과 외집단을 전면적으로 다시 정의해야 하기 때문이다. 계급에 기반한 심각한 갈등은 러시아 혁명에서 그랬듯 계급 구조를 송두리째 전복할 수도 있으나, 이런 갈등은 종종 사람들이 속한 집단을 어떤 한 계급에서 다른 계급으로 옮기거나 그들의 상대적 지위를 조정하고자 한다. 따라서 여기에서는 명확한 범주들에 기초한 적대 행위가 꼭 필요하지는 않은데, 이런 적대 행위야말로 이 장에서 나중에 제시하듯이 극단주의를 정의하는 한 가지 요소이다.

공산주의와 같은 특정 이데올로기는 대놓고 계급에 기초하며, 마르크스주의 테러리즘이나 마오주의 테러리즘의 경우처럼 (적어도 원칙상으로는) 상층 계급의 존재를 제거하려는 극단주의 차원에서 나타날 수도 있다.[10] 계급에 기초한 이데올로기는 여타 이데올로기들과 혼성화될 수도 있는데, 무정부 사회주의와 아나르코생디칼리슴anarcho-syndicalism,[11] 혹은 인종과 계급의

범주가 긴밀하게 연계된 사회에서의 인종 극단주의 운동이 그
렇다.

단일쟁점 운동

다양한 운동들이 단일쟁점을 토대로 테러 공격을 비롯한 폭력
을 행사한다. 이런 십난은 성체성 구성체를 자신의 이데올로기
의 한 부분으로 정식화할 수도 있지만, 완전한 극단주의 운동으
로 형성되지는 않을 수도 있다. 일반적으로 이러한 운동에서 내
집단은 단일쟁점에서 옳은 편에 있는 사람들로 이루어지고 외
집단은 잘못된 편에 있는 사람들로 이루어진다. 이러한 운동은
어떤 경우에는 이 장에서 나중에 제시할 극단주의의 정의에 모
호하게나마 들어맞는다.

예를 들면 일부 반낙태 폭력의 동기는 비교적 간단한데, 그
것은 태아도 완전한 인간이고 생명이라는 믿음이다. 그러한 믿
음을 가진 사람들이 자신들이 살인으로 간주하는 낙태 행위를
막기 위해 폭력을 쓰는 것은 그다지 의외가 아니다. 그러나 낙
태 및 재생산권을 둘러싸고 폭력을 행사하는 또 다른 사람들의
동기는 더 포괄적인 이데올로기, 즉 종교와 관련된 이데올로기
나 여성의 사회적 역할과 관련된 이데올로기이다.

이보다 드물기는 하지만, 과학기술을 찬성하는 극단주의
자들과 과학기술을 반대하는 극단주의자들도 이따금 수면 위
로 나온다. 가장 유명한 사례는 '유나바머 Unabomber'라는 이름으
로 더 유명한 테드 카진스키 Ted Kaczynski가 과학기술이 사회와 인

　　　　　　　　　　　　　　　　　　　　　　　　　극단주의

간의 행복에 해롭다는 신념을 퍼뜨리기 위해 소포를 이용하여 일련의 폭탄 테러를 자행한 일이다. 카진스키 사건은 1인 운동이라는 점에서 이례적이지만, 그래도 그는 하나의 외집단을 상정했다. 그것은 바로 좌파인데, 카진스키의 선언문에 126번이나 등장하는 이 단어는 과학기술의 악영향을 초래하는 자들이자 이런 악영향을 입증하는 자들을 가리킨다.

단일쟁점 운동 혹은 제한범위 운동의 또 다른 사례로는 세금 시위자와 (안티파로 불리는) 반파시스트가 있지만, 이러한 운동을 신봉하는 사람들은 추가로 또 다른 외집단 범주를 취하고 또 다른 이데올로기 요소를 흡수할 수도 있다. 세금 시위자가 보통 반정부 극단주의를 취하는 것이나 안티파 신봉자가 종종 특정 유형의 무정부주의를 받아들이는 것이 이런 경우이다.

환경운동이나 동물권 운동은 정치적 목표를 이루기 위해 테러리즘을 가장 많이 활용하는 운동에 속하지만, 대체로 이들의 공격은 다른 극단주의자의 공격에 비해 훨씬 덜 치명적이었다. 일반적으로 말하면 최근 좌익 극단주의자로 인한 사망자는 우익 극단주의자나 지하디스트 극단주의자로 인한 사망자보다 훨씬 적었으나, 역사적으로 볼 때 늘 그랬던 것은 아니다.[12]

젠더, 성적 지향, 성적 정체성

인간이 경험하는 정체성 중에서 가장 내밀하면서도 강력한 것은 아마 젠더와 성적 지향을 둘러싼 정체성일 것이다. 그러므로 극단주의자가 종종 이런 정체성에 집중하는 것은 놀랍지 않다.

일부 극단주의 운동은 이러한 특정 정체성에 초점을 맞추는데, 뚜렷하게 반여성 의제를 내거는 소위 남성 인권 운동이 그러하고, 동성애자를 "치료"한다며 사기나 고문에 가까운 "전환 치료"를 옹호하는 자들이 그러하다.[13]

젠더와 성적 정체성을 중심으로 하는 이런 운동들 외에도, 이런 쟁점을 부수적으로 활용하거나 그보다 폭넓은 이데올로기의 한 부분으로 활용하는 극단주의 운동도 많다. 젠더와 성적 정체성은 흔히 다른 유형의 이데올로기적 극단주의에 덧붙는 요소로 나타난다.

젠더 규범과 성적 규범의 엄격한 강요는 주로 그 밖의 주요 정체성에 관련된 극단주의 이데올로기에서 두드러지곤 한다. 물론 남성과 여성 모두 극단주의에 가담하지만 극단주의자 집단에는 남성이 압도적으로 많은데, 특히 폭력 행위에 있어 그렇다. 여성도 다양한 수준에서 극단주의 운동에 가담하지만, 지도자나 폭력 행위자 중에는 현저하게 적다.[14] 그래서 학자나 정책 결정자들은 때때로 여성의 개입을 과소평가하기도 한다. 그러나 어쨌든 적극 가담자 중에 남성(보통은 시스젠더(심리적 성별과 생물학적 성별이 일치한다고 느끼는)이자 이성애자인 남성)이 많다는 것은 명백하고 항구적인 사실이다.[15]

일부 극단주의 이데올로기, 특히 극우 단체와 지하디스트 단체의 이데올로기에서는 여성이 비폭력적 역할만 맡도록 제한하면서 여성이 운동에 기여하는 핵심 기능은 재생산이라고 강조한다. 달리 말해, 내집단을 증식하는 방법으로서 여성이 아이

　　　　　　　　　　　　　　　　극단주의

를 낳고 기르기를 종용하는 것이다. 남성 극단주의자의 여성 통제는 명시적일 수도 있고 암묵적일 수도 있지만, 눈에 보이지 않는 경우는 거의 없다. 이는 흔히 여성에 대한 다양한 형태의 숭배를 낳는데, 가령 "백인 여자가 매력적"이라는 백인 민족주의자의 선전이나 백인 자녀 여러 명을 둔 백인 어머니라는 양식화한 사진이 그러하다.[16]

IS는 소셜 미디어의 선전물에 여성을 등장시켜 모집자로 활용한다. 다른 여성들이 IS가 통제하는 영토에 들어와 그 조직 전사들과 결혼하도록 부추기는 것이다. IS는 자기 영토에서 여성들로 이루어진 부대를 만들었는데, 이들은 다른 여성들에게 극단적 사회 규범을 폭력적으로 강요한다.[17] 더욱 충격적인 사실은 IS가 내집단 남성들에게 보상을 주기 위해 이라크의 소수 집단 야지디족에 대한 성노예와 강간을 제도화했다는 것이다.[18]

이와 달리 극단주의 선전에서 가장 보편적인 주제 중 하나는 (진실이든 허구이든) 외집단 남성의 내집단 여성 강간 위협이다. 이는 내집단 남성 극단주의자들을 결집하기 위해 감정을 조작하는 강력한 전술인데, 사실 이들이야말로 폭력을 저지를 가능성이 가장 농후한 자들이다. 극단주의 선전가는 대개 적나라하고도 감정을 고조시키는 어조로 이 주제를 끝없이 되풀이한다.[19]

성적 정체성에 대한 우익 단체와 지하디스트 단체의 태도는 서로 비슷한 방식으로 나타난다. IS는 조직 내의 동성애를 처벌하기 위해 동성애자를 돌로 쳐서 죽이거나 건물 꼭대기에서

떨어뜨렸다.[20] 우익 단체 내에서 시스젠더 이성애로부터의 일탈은 보통 따돌림당하거나 박해당한다. 가장 극단적인 사례는 나치가 수천 명의 남성 동성애자를 강제 수용소에 보낸 조치로, 어떤 이들은 거세되고 어떤 이들은 "치료법"을 알아내려는 의학 실험에 희생되었다.[21]

1980년대에 미국의 우익 극단주의자들은 훗날 폭동을 일으킬 때 표적으로 삼을 남성 동성애자 명단을 만들기 위해 전화 접속 전산화 게시판을 운영했다.[22] 또 다른 자들은 동성애를 "정신 질환"으로 규정했다. 그러나 1990년대에 이르러 백인 민족주의의 여러 규정에서는 레즈비언, 게이, 양성애자, 트랜스젠더, 성 정체성이 모호한 개인LGBTQ을 다루는 방식에 있어 어떤 모호함이 드러나기 시작했다. 여기에서는 동성애를 폭력으로 억압해야 한다는 견해부터 성매매와 같이 "수용되지는 않지만 묵인되는" 가벼운 악덕으로 보는 견해까지 다양한 견해가 나타났다.[23]

여기에는 특히 최근 나타난 중대한 예외들도 있다. 2010년대에 극단주의 대안 우파 운동이 발호하면서 일부 LGBTQ 공동체 성원을 조건부로 수용하는 주목할 만한 추세가 나타났는데, 그 조건이란 바로 이 운동의 대의인 반이슬람과 반이주 관점을 공유하는 것이다. 그러나 이런 운동 내부에서 대다수는 엄격한 반동성애 및 반트랜스젠더 정책을 계속 지지했다.[24]

극단주의 운동은 대부분 인종, 종교, 이데올로기의 다양성을 억누르고자 하지만, 극단주의 자체는 믿을 수 없을 정도로 다양하다. 서로 너무나 다른 이런 운동의 범위가 매우 넓다는 점을 고려할 때, 독자적 분과학문으로서의 극단주의 연구에 어떻게 접근해야 하는가? 어떻게 하면 "척 보면 안다"보다 잘 접근할 수 있는가?

그 답은 극단주의 이데올로기의 구조와 내용을 서로 구분하는 데 있다. 다양한 극단주의 이데올로기는 그 내용이 서로 전혀 부합하지 않는다. 이를테면 친이슬람 극단주의자와 반이슬람 극단주의자는 신념 내용에서는 정반대이다. 그러나 믿는 것의 구조나 견해를 정당화하는 방식의 구조는 놀라울 만치 닮았다.

이어지는 장들에서 다룰 이런 구조는 서로 공생하는 두 가지 관념으로 이루어진다. 첫째, 내집단과 외집단에 대한 정식화된 정의는 이들의 정체성을 더 구체적으로 만들고, 둘째, 위기-해법 구성체가 내리는 이런 정체성 정의에 기초하여 행동하라는 것이다. 이런 구조는 꽤 변주될 수도 있지만, 그래도 극단주의와 급진화에 관한 정의들을 이제까지 논의한 사례 대부분을 포괄하면서도 비교적 간결하게 제공한다.[25] 이 책이 목표로 하는 바를 위해서는 아래와 같은 정의들을 적용할 수 있다.

극단주의란 내집단의 성공이나 생존이 외집단을 겨냥한 적대 행위의 요구와 결코 분리될 수 없다는 신념을 의미한다. 적대 행위는 내집단이 성공을 정의하는 방식의 한 부분이어야 한다. 적대 행위에는 언어적 공격과 폄훼, 차별 행위, 폭력, 나아가 집단학살까지 포함된다. 물론 이러한 활동의 스펙트럼은 아주 넓은데, 이에 대해서는 이어지는 장들에서 더 자세히 논의하고자 한다.

테러리즘과 달리 극단주의는 국가 행위자의 활동 영역일 수도 있고 비국가 행위자의 활동 영역일 수도 있다. 이것은 여러 해 동안 모호했고 이것을 둘러싸고 여러 해 동안 논란이 있었지만, 이제는 주로 비국가적 현상으로 이해하게 되었다.[26]

이러한 정의를 이루는 각 요소가 중요하다. 해로운 행위나 폭력적 행위라고 반드시 극단주의적 행위는 아니기 때문이다. 협상을 거친 일군의 규칙을 따르는 경쟁은 보통 극단주의가 아니다. 내집단의 성공(승리)이 (박해, 사보타주, 암살과 같이) 경쟁자에게 가하는 해롭고 규정을 벗어난 행위로부터 분리될 수 있기 때문이다. 이는 정치, 스포츠, 비즈니스와 같은 활동에 해당한다. 극단주의로 규정되려면 이런 해로운 활동의 필요성이 무조건적이어야 하고 성공에 관한 내집단의 해석과 분리되지 않아야 한다.

예컨대 대부분의 백인 민족주의자는 백인이 아닌 사람들을 분리나 말살을 통해 내집단 사회에서 제거하지 않는 한 백인들은 결코 성공할 수 없다고 믿는다. 이런 요구는 그 정의 자체에 포함되므로 타협할 수 없으며 무조건적이다. 이런 요구를 포

   극단주의

기하는 것은 곧 백인 민족주의를 포기하는 것이다.

이에 반해 조건부 갈등은 반드시 극단주의는 아니다. 가령 어떤 민족이 전쟁이라는 행위를 통해 공격받을 때 내집단의 생존을 보장하려면 적대 행위가 정당하고 필수적일 수도 있지만 이런 필수성은 조건부일 수 있다. 하지만 예를 들어서 외집단이 항복한 후에도 외집단 성원을 말살해야 한다고 주장하는 식으로 적대 행위를 무조건 계속해야 한다고 주장한다면, 그 내집단은 극단주의가 된다.

이러한 극단주의의 정의에는 행동에의 촉구가 내재적으로 들어있다. 이를테면 어떤 종교의 교리 때문에 그 종교를 못마땅하게 여기는 것은 극단주의가 아니다. 그러나 어떤 종교의 신봉자를 모조리 체포하거나 추방하라고 요구하면 극단주의이다.

마지막으로, 이 정의는 정체성 주장에 의지한다. 사회는 예컨대 혼인적령을 설정하는 것처럼 행동을 규제하는 법률을 제정할 권리가 있는데, 이런 규칙은 일부 집단 정체성의 규칙과 충돌할 수도 있다. 가치에 관해 의견 차이가 있다고 해서 극단주의는 아니다. 그러나 이 정의에 따르면 (가령 흑백 분리를 강제한 짐 크로Jim Crow 법이나 종교적 믿음을 제한하는 법률처럼) 어떤 외집단 정체성을 겨냥하여 특별히 제정된 법률은 극단주의이다. 의도가 무엇인가라는 물음은 어쩔 수 없는 회색 지대로 이어지지만, 이 정의의 다른 구성 요소들에 비추어 법률적 결정이나 정치적 결정을 평가한다면 많은 경우 문제를 명료하게 하는 데 도움이 된다.

폭력적 극단주의는 내집단의 성공이나 생존이 외집단을 겨냥한 (차별이나 따돌림처럼 그나마 덜 해로운 행위와 대조되는) 폭력 행위의 요구와 결코 분리될 수 없다는 신념이다. 폭력적 극단주의 이데올로기는 자신의 폭력을 방어적 폭력이나 공격적 폭력이나 선제적 폭력으로 규정한다. 여기서도 또다시 불가분성, 즉 외집단을 겨냥한 폭력의 요구가 조건적이거나 상황적이지 않다는 규정이 핵심 요소이다. 전쟁이 꼭 극단주의인 것은 아니지만, 집단학살 전쟁은 그렇다.

극단주의로의 급진화는 내집단의 극단주의 지향이 고조되는 것으로서, 외집단에 대한 부정적 견해의 증가나 외집단을 겨냥한 적대 행위나 폭력 행위 증가를 지지하는 형태로 나타난다. 급진화는 변화의 과정이지 그 결과가 아니다.

극단주의와 **급진화**의 의미에 대한 학문적 합의가 부족하므로, 사실상 이런 정의들은 어떤 부분에서는 논란의 여지가 있을 수밖에 없다. 이런 정의들은 그 이전에 나온 대부분의 정의보다 덜 주관적이기는 하지만, 그래도 회색 지대를 모두 제거하는 것은 불가능하다. 하지만 내가 보기에, 이런 정의들은 이데올로기들의 경계를 넘나들 수 있을 만큼 유연하면서도, 종종 주관적으로 사용되는 용어에 대응할 수 있을 만큼 명확하다.

스펙트럼으로서 극단주의

극단주의로의 급진화에 대한 정의가 시사하듯, 극단주의는 하나

　　　　　　　　　　　　　　　　　　　　극단주의

의 고정적 종착지라기보다 여러 신념으로 이루어진 스펙트럼을 의미한다. 정책 결정자와 활동가가 가장 자주 집중하는 대상이 폭력적 극단주의인 데도 이유가 있다. 극단주의 패러다임의 가장 파괴적이고 점점 고조되며 돌이킬 수 없는 표출이 바로 폭력이기 때문이다. 그러나 극단주의 운동이 모두 다 폭력으로 시작하고 끝나는 것은 아니다.

극단주의가 사회 생태계에서 나타나는 방식은 날씨와 비슷하다. 어떤 두 개의 허리케인도 서로 똑같지는 않지만, 우리는 불완전하나마 허리케인이 언제 형성되는지 알 수 있고, 그 단계를 추적할 수 있으며, 앞으로의 움직임을 추정할 수 있다. 그러나 열대성 폭풍을 이해할 수 없다면 허리케인을 이해할 수 없고, 바람과 물을 이해할 수 없다면 폭풍을 이해할 수 없다. 이와 마찬가지로 극단주의 이데올로기를 구성하는 요소들을 이해할 수 없다면 극단주의 운동이 어떻게 작동하는지 이해할 수 없다.

태생부터 극단적인 운동은 거의 없다. 대부분 운동은 (자랑스러운 전통이나 어떤 종교의 가치들과 같은) 내집단의 가치를 긍정하는 주류 정체성으로부터 태동하더라도 내집단이 외집단을 겨냥한 적대 행위를 해야 한다고 규정하지는 않는다. 외집단의 정의는 시간이 지남에 따라 서서히 발전하는데, 처음에는 (내집단으로부터 배제하는) 범주화에서 시작하고, 내집단이 외집단에 대해 차츰 더 부정적인 견해를 나타냄에 따라 강화된다.

3장에서는 여러 정체성 운동이 어떻게 내집단과 외집단을 정의하고 세분화하는지 검토할 것이다. 4장에서는 이러한 요소들이 어떻게 벼려져서 집단 간의 폭력을 비롯한 여러 적대적 상호작용을 추동하는 위기-해법 서사가 되는지 살펴볼 것이다.

추가 읽을거리

'필수 지식 시리즈' 중 하나인 이 책은 중차대한 주제에 관한 개관을 간결하고 이해하기 쉽게 서술하고자 한다. 비교적 두께가 얇은 편인 이 책은 개괄적 개념들에 집중한다. 그래서 일부 독자, 특히 학자나 반테러리즘 분야에서 폭력적 극단주의에 대처하는 사람이라면 극단주의의 이러한 틀과 전개 양상을 더 심도 있게 탐구하고 싶을 수도 있다.

　이 책은 이 틀의 다양한 측면을 예증하기 위한 여러 사례 연구를 소개하고 있지만, 이런 소개는 어쩔 수 없이 간략하다. 그래서 책의 마지막 부분에 상세한 참고문헌을 수록하면서, 이 책의 여러 절과 연관된 보다 포괄적인 설명과 탄탄한 이론적 탐구를 찾아볼 수 있는 안내를 덧붙였다. 참고문헌에 포함된 주요 도서와 논문들에는 이 책에서 논의하는 개념들의 기원이 설명되어 있고 주요 출처(극단주의적인 이데올로기 텍스트와 선전 텍스트)로부터 수집된 구체적 증거가 제시되어 있다. 나는 이 틀과 관련하여 새로운 연구와 분석을 계속 펴낼 것이다. www.jmberger.com에서는 내 연구의 최신 목록과 관련 링크를 언제든지 확인할 수 있다.

EXTREMISM

운동에 합류하는 행위는 정체성을 공언하는 것이다. 그러므로 어떤 운동의 성원 자격은 언제나 "우리는 ~을 믿는다" 혹은 간단하게는 "우리는 ~이다"라는 진술로 시작한다. 집합적 정체성의 가장 기본적 요소는 내집단, 즉 "소속된" 사람들이다. 내집단은 종종 확실한 연고에 유기적으로 기초하여 형성된다. 가령 보스턴에서 태어나 거기에 거주하는 사람들은 자신을 보스턴 사람이라고 여길 수 있다. 물론 어느 장소에 거주하는 사람들이 죄다 자신을 그 지역의 집단과 동일시하지는 않지만, 이는 쉽고 확실하며 일반적으로 유용한 정체성이다.

내집단에 합류하는 것 자체가 문제는 아니며, 그와 같은 동일시는 흔히 긍정적 행위이다. 민족 내집단과 자신을 강하게 동일시하는 것은 애국심으로 상찬받을 수도 있다. 종교 내집단과 자신을 강하게 동일시하는 것은 경건함으로 묘사될 수도 있다. 종족 내집단과 자신을 강하게 동일시하는 것은 자신의 전통에 대한 자부심으로 묘사될 수도 있다.

하지만 여러 연구를 보면, 내집단에 합류하면 그보다 덜 존경스러운 행동이 일어날 판이 벌어질 수도 있다. 많은 연구에서 시사하는 바에 의하면, 단지 자신을 내집단과 동일시하는 행동만으로도 자기 동료는 선호하고 외집단 성원은 폄훼하는 편견에 쉽게 빠질 수 있다.[1]

내집단 성원권의 기준이 확인되면 자연스레 외집단이 존재하게 된다. 보스턴에서 한번도 산 적이 없는 사람은 보스턴 내집단에서 제외된다. 예컨대 뉴욕 출신 사람들은 보스턴 사람들에게는 외집단에 속하는 것이다.

하지만 내집단 성원권을 판정하는 이 기초적인 지리 테스트는 많은 보스턴 사람에게는 빙산의 일각일 뿐이다. 일부 보스턴 사람들은 억양, 옷차림, 보스턴 연고 스포츠팀들의 특성 등, 보스턴 사람과 뉴욕 사람을 구별하는 수많은 방법을 신나게 열거할 것이다. 이러한 차이들은 때로는 조롱과 혐오의 근거로서 강조된다. 그리고 보통 가벼운 방식이지만, 양측 모두 적대감을 품게 된다.

내집단 정체성과 외집단 정체성의 경계는 종종 모호하고, 굉장히 주관적이며, 시간이 지남에 따라 변경될 수 있다. 예를 들어, 여러분이 보스턴에서 40년 살다가 뉴욕에서 10년 살았다면, 자신을 여전히 보스턴 사람이라고 여길 수도 있다. 뉴욕에서 25년 살고 보스턴에서는 15년 살았는데도 자신을 보스턴 사람이라고 생각할지도 모른다. 그러나 몇몇 보스턴 사람은 여러분을 뉴욕 사람이라고 생각할 것이다.

　극단주의

보스턴 사람의 정의는 시간이 지남에 따라, 또 특정한 맥락에서는 교외까지 포함하는 보스턴 대도시권에 사는 사람을 지칭하는 것으로 확장될 수도 있다. 하지만 그런 내집단 내의 사람들이 서로 이야기를 나눌 때는 특정 동네의 정체성이 이런 광범위한 메트로폴리스의 정체성보다 선호될지도 모른다. 개인이 자신을 분류하는 방식은 종종 맥락 의존적이다. 이를테면 여러분은 뉴욕 사람과 이야기할 때는 자신이 보스턴 사람이라고 밝힐 수 있지만, 보스턴의 노스엔드처럼 다른 동네 출신 사람과 이야기할 때는 사우스보스턴 주민이라고 밝힐 수도 있다.

이와 같은 주관성과 가변성 탓에 누가 여러분의 내집단에 속하고 누가 배제되는지 판정하기는 퍽 어렵다. 극단주의 운동은 이런 질문에서 주관성을 제거하고자 노심초사한다. 따라서 회색 지대를 없애고자 다음을 분명히 정의하려 한다.

- 내집단을 이루는 개개 부분은 무엇인가.
- 내집단은 왜 정당한가.
- 외집단을 이루는 개개 부분은 무엇인가.
- 외집단은 왜 내집단보다 덜 정당한가.
- 내집단 성원은 외집단 성원과 어떻게 상호작용해야 하는가.

아마도 마지막 요소가 주류 정체성과 극단주의 정체성의 가장 중요한 차이일 것이다. 내집단 성원권과 외집단 성원권에 걸린 판돈이 크지 않다면 정당성 문제도 사소해지고 평화로운 공존

이 우위를 점한다. 뉴욕으로 이사한 보스턴 사람은 가족 모임에서 놀림을 받을지도 모르고, 심지어 스포츠 행사에서 조롱받을지도 모른다. 하지만 이러한 정체성은 대개 생사가 걸린 문제가 아니다.

정체성은 집에서 시작된다. 어떠한 내집단의 성원임을 수동적으로 흡수하거나 능동적으로 채택하지 않으면서 사회에서 살아가기란 거의 불가능하다. 가령 여러분이 자신에 대해 주로 백인이라는 면에서 생각하지 않을지도 모르지만, 이런 소속은 구직 면접을 볼 때나 교통 체증으로 멈춰 서 있을 때 사회의 다른 성원들이 여러분과 상호작용하는 방식에 영향을 미칠 것이다.

정체성 분류가 여러분이 거주하고 학교를 다니는 지역의 구별처럼 그저 간편하고 단순한 문제를 넘어선다면, 집단의 의미를 설명하는 어떤 서사가 필요하다. 즉, 그 정체성이 무엇을 의미하고 어디에서 왔으며 어디로 가는지를 설명하는 서사가 필요하다. 내집단의 정의는 원형적이거나 전형적인 내집단 성원을 서술하며, 다음의 세 가지 주요 요소로 규정된다.[2]

- **신념**: 내집단이 공유하는 신조로서, 가장 중요한 것은 내집단의 가치들이지만, 우주론이나 형이상학과 같은 부차적 요소도 포함한다.

극단주의

- **특성**: 내집단 성원에게 해당하는 기술적記述的 특질들로서, (피부색이나 모발 종류와 같은) 신체적 특질, (지능이나 창의성과 같은) 정신적 특질, (사투리, 속어, 억양과 같은) 사회적 특질, (덕성이나 경건함과 같은) 영적인 특질을 포함한다.
- **관행**: 어느 내집단의 성원들이 하는 행동과 그들에게 기대되는 행동 방식으로서, 다음과 같은 것을 포함한다.
    - 과거 행동: 집단의 역사
    - 현재 행동: 오늘날 집단이 행동하는 방식
    - 미래 행동: 집단의 운명

[그림 1] 집단 정의의 요소들

이러한 특질들을 정의하는 데는 시간이 걸릴 뿐 아니라, 모든 정체성 집단에 있어 이런 서사의 모든 부분이 채워지는 것도 아니다. 하지만 이런 특질 대부분은 결국 어떤 식으로든 드러난다. 여러분은 보스턴에서 태어난 것만으로도 보스턴 사람이라는 자격을 얻기 충분할 테지만, 열성적인 보스턴 사람이라면 그 도시가 어떻게 돌아가는지 알고 있다. 독립전쟁에서 보스턴이 수행했던 역할의 역사를 잘 알고 소중히 여기며, 어떤 차우더 수프를 차려야 하는지 알고 있고, 현지의 장난스러운 속어를 구사한다.

이런 세부 사항이 축적될수록 하나의 정체성은 다른 정체성과 점점 달라진다. 그 세부 사항의 집합이 역사적 서사이자 동시대적 서사로 엉기기 시작하면, 즉 이제 그저 사실들의 목록이 아니라 "우리 이야기"가 되기 시작하면, 정당성과 집단 결속을 확립하는 강력한 도구가 된다.[3]

이런 정체성 서사는 일단 확립되고 나면 자기 자신을 강화한다. (진실이든 신화화된 것이든) 역사는 처음에는 정체성을 구성하는 데 활용된다. 그러나 그다음에 이 정체성은 어떤 동기를 지니는 이후의 역사 기록을 걸러내는 필터가 된다. 이러한 순환은 역사와 정체성을 서로 동조시켜서 하나의 통합된 해석으로 만든다.[4]

외집단이 존재한다는 사실 자체가 곧 내집단이 극단주의로 나아간다는 신호는 아니다. 어떤 정체성 운동이 극단적으로 되려면, 내집단이 외집단(들)에 적대적 태도를 취해야 한다. 그리고 그렇게 되려면 내집단의 정의를 구성하는 것과 비슷하게, 외집단도 정체성을 구성하는 서사 과정을 통해 명료하게 정의되어야 한다. 이런 형판刑板은 외집단의 신념, 특성, (과거와 현재와 미래의) 관행에 관한 서술을 포함한다. 그러나 내집단과 달리 외집단은 부정적 논조로 정의되는 경향이 있다.

중요한 것은, 외집단을 정의하는 데 사용되는 정보의 출처는 흔히 신뢰도가 더 낮다는 것이다. 내집단 성원은 개인적 신념과 현재의 관행을(비록 선택적이고 불완전하게라도) 몸소 경험한다. 그에 반해 외집단의 신념과 관행에 대한 정보에는 보통 진실, 해석, 허구가 섞여 있다. 운동이 극단주의 쪽으로 나아갈수록 이러한 혼합은 허구 쪽으로 나아가고 더욱 유독해지기도 한다. 그러면서 데이터들에서 부정적 요소는 공격적으로 강조하는 반면 긍정적 요소는 무시하거나 반박하는 것이다.

사례 연구: 영국 이스라엘주의

'기독교 정체성'이라고 불리는 백인 민족주의 운동의 기원을 살펴보면 내집단 정체성의 서사가 어떻게 채워지는지 알 수 있다. 기독교 정체성은 '영국 이스라엘주의'로 알려진 19세기 운동의 인종주의적 곁가지인데, 영국 이스라엘주의는 앵글로색슨족이 이스라엘의 잃어버린 열 지파의 후손이었다고 주장했다.

유대교와 기독교 경전에서는 이스라엘 민족에 열두 지파가 있다고 서술하지만, 기원전 8세기경 이후의 역사에서는 두 지파만 언급된다. 시간이 흐르면서 나머지 열 지파의 운명은 열성적인 종교적 사변과 신화 창작에 영감을 주었다. 그리고 어지럽게 난무하는 사변적 역사 이론들은 다양한 종족 집단이 이 잃어버린 지파들의 후손이라고 추측했는데, 이런 종족 집단에는 앵글로색슨 민족, 아메리카 선주민, 파키스탄인, 인도인, 마오리인, 일본인, 그리고 몇 개 지역 및 국가의 아프리카인, 나아가 "흑인"이라는 명칭에 속하는 모든 사람이 있다.[5]

영국 이스라엘주의자는 잃어버린 열 지파와 앵글로색슨이 종족저으로 연결된다고 주장해왔는데, 원래 이것은 거룩한 축복을 받은 "백성들의 총회"(창세기 35장 11절)에 관한 성서의 예언을 계승한 것이 바로 대영제국이라는 의미였다. 영국 이스라엘주의 이론에서 미국은 므나쎄 지파와 연결되는데, 예언에 따르면 이 지파는 대영제국과 나란히 "위대한 나라"가 될 것이었다.[6] 영국 이스라엘주의의 역사 이론에 의하면, 대영제국과 미국은 (비유가 아니라 유전적으로나 현실적으로) 근대의 이스라엘 민족이며, 따라서 신의 언약의 계승자이다.

이와 같은 이데올로기의 출발은 내집단인 앵글로색슨의 정당성을 강화하려는 시도였고, 이를 위하여 그 민족의 계보를 잃어버린 열 지파까지 거슬러 올라간 것이다. 영국 이스라엘주의 이론가들은 이것을 앵글로색슨에 우월한 지위를 부여하는 명백한 인종 이론으로 만들어냈지만, 이들의 초기 서사는 앵글로색슨과 유대 종족을 이들 종족이 공유하는 셈족의 유산으로 통합하기도 했다.[7]

영국 이스라엘주의의 논거는 단순하지도 않고 명료하지도 않았기에, 그 추종자들은 내집단을 정의하고 그 정당성을 확립하기 위해 서사를 통한 정당화를 구성해야 했다. 달리 말해서,

                                          극단주의

앵글로색슨과 성스러운 이스라엘 국가의 이러한 수렴이 어떻게 이루어진 것인지 설득력 있게 이야기해야 했고, 그래서 이런 주제를 다룬 두툼한 책을 수백 권이나 써냈다.

영국 이스라엘주의 저술가들은 방대한 계보에 초점을 맞춘 구약성서 구절들을 인용하는 것으로 시작했다. 그들은 성경에 묘사된 사건과 계보를 보면 이스라엘의 왕통과 신의 언약의 은혜가 현대의 유대인이 아니라 잃어버린 열 지파의 성원에게 전해졌다고 주장했다. 그들은 이러한 단초를 정교하게 다듬어 가면서 앵글로색슨을 잃어버린 열 지파와 연결하기 위해 역사와 민속과 전설을 뒤섞었다.[8]

초기 저자들은 앵글로색슨과 유대인 간의 혈족 관계를 인정하고 나아가 환영했지만, 영국 이스라엘주의에는 유대교와의 은근한 긴장 관계가 내포되어 있었다. 당시 지배적이던 기독교 세계관은 예수 그리스도가 오셨기 때문에 신이 이스라엘 및 유대인과 맺은 언약은 무효가 되었다고 본다. 그 저자들이 볼 때 영국 이스라엘주의는 그 언약의 효력을 회복했고, 신의 "선민"이라는 지위를 일신했으며, 그 언약을 앵글로색슨을 포함하도록 확장했다. 영국 이스라엘주의에서 보기에 그렇다고 해서 잃어버린 열 지파가 아닌 유대인들이 잃을 것은 아무것도 없었다.

그러나 유대인이 보기에 신과의 이러한 언약은 무효가 된 적이 없었다. 그러므로 앵글로색슨을 유대인과의 언약의 수혜자로 추가하는 일은 유대인의 특권을 박탈하는 느낌을 주었다. 그 이유는 특히 영국 이스라엘주의 저술가들이 만장일치로 동의하는 견해에 따르면, 유대인이 예언의 성취에 참여하고 백성들의 총회에서 주도권을 쥐려면 기독교로 개종해야 하기 때문이었다.[9]

영국 이스라엘주의 이론의 출발은 내집단 정당성을 강화하려는, 언뜻 보기에 악의 없는 실천이었다. 그러나 여기에는 유대인이 외집단이 되는 맹아가 들어 있었다. 대영제국이 정당한 이스라엘 국가라 한다면 그런 역할을 다른 사람이 자임하는 것은 부당하다는 결론이 따라 나왔다. 그래서 1940년대에 유대 민족의 이스라엘 국가가 수립되자 이 운동은 위기에 빠졌고 결국 어떤 계승자 이데올로기가 나타났는데, 그것이 기독교 정체성이라고 불리는 폭력적 반유대주의 운동이었다.

영국 이스라엘주의의 사례는 극단주의 정체성에 있어 한 가지 중요한 사실을 드러내기도 한다. 극단주의자는 유동적이라는 사실이다. 극단주의자는 언제나 내집단의 정의를 구체화하려고 공을 들이지만, 그런 정의는 시간이 지나면서 변화하는 상황에 따라 바뀌게 된다. 이를테면 영국 이스라엘주의가 기독교 정체성이 되면서, 내집단의 정의는 앵글로색슨 민족으로부터 더 포괄적으로 정의되는 "백인" 인종 쪽으로 나아갔는데, 여기에는 스칸디나비아인이나 독일 게르만인을 비롯한 다른 종족도 포함된다.

내집단 분류하기

대다수 사람에게 개인적 정체성은 소속감의 여러 동그라미가 겹치면서 이루어진다. 가령 "나는 미국인이고 종족으로는 아일랜드인이며 로마 가톨릭 신자이자 환경 운동가이기도 하다." 어떤 사람의 정체성 감각을 구성하는 여러 요소는 서로 보완적이거나 중립적이거나 모순적이다. "나는 민주당원이지만 총기 소유 권리의 옹호자이기도 하다." "나는 공화당원이지만 낙태 찬성론자이기도 하다."

극단주의자에게는 이러한 소속감의 여러 동그라미에서 종종 어떤 단일한 정체성이 생겨난다. 어떤 정체성들은 융합되어 하나의 통합된 구성체가 되고("나는 미국인인데 미국은 기독교 국가이다"), 또 어떤 정체성들은 서로 완전히 배타적으로 된다("나는 우선 이슬람교도이기 때문에 이라크인이 아니다").

극단주의 이데올로기는 수축적 정체성 혹은 배타적 정체성을 정의하며, 내집단과 외집단 사이에 엄격한 경계를 강요한다. 역설적이지만, 이렇게 집단 응집력을 강화하려는 요구 자체가 내집단에 균열을 가져올 수도 있다. 외부인에 대한 부정적 태도를 공유하는 일은 특정 내집단 성원 간의 유대를 강화할 수 있지만,[10] 내집단 성원이 외집단에 대해 더욱 적대적인 태도를 취하도록 압박하기도 한다. 이런 일이 일어나면, 내집단의 단결이 압박으로 곤란해진다.

기억해야 할 것은, 광범한 정체성은 대개 극단주의가 아니라는 것이다. 앵글로색슨, 아프리카계 미국인, 기독교인, 이슬람교도라는 정체성을 가지는 것은 극단주의가 아니다. 기독교 정체성이나 IS와 같은 극단주의 운동은 이러한 광범한 정체성으로부터 태동하지만, 빠르게 그 자신만의 뚜렷한 특성을 띠게 된다.

극단주의 정체성이 태동하면, 그 정체성이 태동한 더 넓은 정체성 집단으로부터 추종자들을 모집해야 한다. 이 과정에서 극단주의자들은 내집단을 하위 범주로 분류할 필요가 있다. 그리고 극단주의 운동이 탄탄한 조직 구조를 형성해서 모집을 시작하면, 이 하위 범주들은 엄청나게 중요해진다.

발달한 극단주의 조직은 이데올로기를 정식화하는 데 있어 내집단의 세 가지 주요 하위 범주에 대해 고심해야 한다.

- **극단 내집단**extremist in-group: 극단주의 운동 혹은 조직 자체이다. IS처럼 고도로 발달한 운동의 경우, 이 범주에는 정식 성원과 적극적 지지자가 모두 포함될 수 있다.

- **적격 내집단**eligible in-group: 광범한 정체성 집합체로서, 극단주의 조직은 자신이 이 집단을 대표한다고 주장하고 이 집단에서 조직원을 모집하려 한다. IS의 경우에 있어서, 적격 내집단은 수니파 이슬람교도이다. 수니파 이슬람교도는 IS에 합류하는 데 있어 적격이다. 극단주의자 집단은 흔히 자신이 적격 집단의 가장 순수한 부분을 대표한다고 믿는다.

- **부적격 내집단**ineligible in-group: 극단주의 운동이 보기에 내집단으

로부터 추방될 위험이 있는 내집단 성원이다. 적격 내집단 성원이 극단주의 운동을 거부하면, 극단주의자는 그를 적격 내집단에서 쫓아내려고 할 수도 있다. 극단주의 운동이 더 발달하면, 적격성을 의무로 취급하기 시작한다. 달리 말해, IS 같은 집단은 수니파 이슬람교도가 그 운동을 함께하는 데 **적격**이라고 믿을 뿐 아니라, 그렇게 할 **의무**가 있다고 믿는다.[11] 예컨대 IS는 보통 그들의 교시와 전술에 반대하는 수니파 이슬람교도는 이슬람교 전체의 배교자라고 선언한다.

아직 극단화되지 않았거나 별개 조직을 미처 형성하지 않은 운동의 경우, 내집단의 하위 범주들이 덜 정의되거나 전혀 정의되지 않았을 수도 있다. 부적격 내집단과 외집단의 구분이 모호할 수도 있다. 또 어떤 경우에는 부적격 내집단 성원이 극단주의 조직의 실질적 외집단으로 분류될 수도 있는데, 이는 극단 내집단의 분노가 겨냥하는 주요하거나 유일한 과녁이 된다는 것이다. 부적격 내집단을 향한 태도는 그것보다 차이가 큰 외집단을 향한 태도보다 오히려 더 적대적이고 폭력적일 수도 있다. 부적격 내집단의 "배신" 때문인데, 이는 [외집단과는 달리] 무지 탓으로 돌릴 수 없는 것이다. 일반적으로 부적격 집단은 배신의 낙인과 구원의 가능성을 모두 지닌다.

반면에, 극단 내집단은 엄격한 경계가 있어서 수동성을 거의 관용하지 않는다. 거의 모든 극단 내집단은 자신들의 **순수성**을 믿는데, 이 맥락에서 순수성은 어떤 내집단이 이데올로기에서 서술하는 원형적인 내집단 정체성에 얼마나 합치하는지 평가하는 척도이다. 극단 내집단 성원은 자신을 적격 내집단의 본보기, 즉 외집단의 이데올로기적 영향이나 인종적 영향에 오염되지 않은 가장 순수한 표현으로 이해한다. 그 추종자들은 종종 적격 내집단 성원이 자신의 개인적 정체성을 원형과 합치시킴으로써 순수해져야만 극단 내집단에 합류할 수 있다고 규정한다.

극단주의 운동이 유의미한 수의 신봉자를 모으고 모집을 시작하면 이러한 범주들은 굉장히 중요해진다. 극단주의 조직이 성원을 끌어들이기 위해 긴급하게 주장하는 내용은 두 부분으로 이루어지는데, 그것은 외집단을 악마화하는 것과 적격인 사람들이 극단주의자가 되도록 요구하는 것이다(이는 4장에서 논의할 것이다).

사례 연구: 이단 연구

초기 기독교 시대에는 예수 그리스도의 신봉자가 되고 따라서 기독교 내집단의 일부가 되는 것이 어떤 의미인지에 대한 정의가 단일하지 않았다. 이 종교의 초기 몇 세기 동안 서로 경쟁하는 다양한 견해와 종파가 등장했는데, 그 범위가 예수를 신이 아닌 예언자로 보는 전통적 유대교 해석에서부터 복잡하고 비교秘敎적인 영지주의 우주론에 이를 정도였다.[12]

이러한 신앙들은 어느 시점부터 "기독교도"라고 불리는 하나의 정체성으로 태동하기 시작했는데, 이 정체성은 곧 유대인이나 이교도 같은 다른 정체성을 배제하게 된 것이다. 기독교 신앙들은 지리적으로 퍼져나갈수록 서로 다른 방향으로, 그리고 종종 서로 충돌하는 방향으로 전개되었다. 머지않아 기독교 지도자들은 이 경쟁하는 교리들을 추려서 단 하나의 "진정한" 종교를 가려내기를 열렬히 바라게 되었다.

그들은 이런 과정의 일환으로 비교적 새로운 개념을 구체화했다. **이단** 혹은 **배교**로 알려진 이 개념은 다른 점에서는 적격인 사람이라도 그 믿음이나 관행이 매우 그릇되었다면 내집단에서 실격당할 수 있다는 믿음이다. 주류 신학에서 이단과 배교는 서로 다른 개념으로서, 이단은 내집단 내의 그릇된 종교적 믿음을 가리키고 배교는 내집단과의 완전한 절연을 가리킨다.[13] 그러나 극단주의는 이 용어들을 혼동하기 일쑤이다. 극단주의자는 어떤 유형의 그릇된 신앙은 내집단과의 노골적 절연과 맞먹는다고 믿기 때문이다.

초기 기독교의 이단 사냥꾼 중에서 순교자 유스티누스Justin Martyr의 이단 관련 저술은 유실되었고 이레나이우스의 저술은 일부 전해 내려온다. 유스티누스와 이레나이우스는 다양한 기독교 종파를 한데 묶어 사탄의 영향을 받는 "사악한" 내집단 도당으로 취급했다. 이들은 당시 내집단으로 태동하던 정통 신앙, 즉 기독교 신앙의 유일하게 올바른 형태로 자처한 로마 가톨릭 정전正典의 초기 형태에 대항한 것이다.[14]

이레나이우스는 5권으로 이루어진 《이단 논박Against Heresies》

이라는 논저를 썼는데, 그 목적은 내집단의 결속을 강화하기 위하여 어떤 관행과 신앙이 (올바른 내집단 정의의 일부인) 정통이고, 어떤 것이 그렇지 않은지 명확히 정의하려는 것이었다. 그가 제안한 정통 신앙에서 벗어나고 또 교정을 거부한 사람들은 부적격 내집단 성원, 즉 사탄의 영향에 감염된 "이단자" 또는 "배교자"였다.

이레나이우스는 부적격 내집단 성원에 대항하려면 강력하고 집요하게 논박해야 한다고 썼는데, 이것은 그래도 온건한 처방이었다.[15] 그러나 이단과 배교라는 그의 규정은 이후에 정체성에 대한 보다 독단적 정의들이 등장할 장을 열었다. 로마 황제 콘스탄티누스 1세가 로마 제국의 지배를 받던 기독교 교회의 정통 신앙을 성문화한 이후로 그의 후계자들은 이런 정통 신앙이 법적 구속력을 갖도록 테살로니카 칙령을 공표했다. 이 칙령은 [칙령의 첫 구절을 따서] "모든 백성은Cunctos populos"으로도 불린다. 서기 380년의 이 칙령으로 인해 가톨릭은 로마 제국의 공식 국교로 확립되었다.

시민들은 국가로부터 완전하게 인정받으려면 정통 교리가 진리라고 인정해야 했다. 이를 거부한 사람들은 "신의 천벌뿐 아니라 우리 자신의 조치로도 응징받을 것"이었다. 즉, 법적인 형벌을 받아야 한다는 의미였다. 그 후의 칙령들을 통해 로마 제국의 세속 권력은 교황이 정통적 규범들을 시행하는 데 일조했다.[16]

4세기에 콘스탄티노플 대주교이던 요하네스 크리소스토

　　　　　　　　　　　　　　　극단주의

무스John Chrysostom는 "모든 백성은"이 발표된 직후 〈유대인에 맞서Against the Jews〉라는 제목으로 여러 차례 설교하면서, 여전히 유대 관습을 준수하며 유대인 공동체와 관계 맺고 있던 기독교 종파들을 비판했다. 주된 표적은 부적격 내집단이었지만, 그의 논박 중 상당 부분은 유대인 외집단에 대한 규탄에 바탕을 둔 것이었다. 크리소스토무스는 유대인과 관련된 수많은 끔찍한 혐의를 상세히 언급했는데, 그중에는 유대인이 아이들을 악마에게 바친다는 비난도 있었다.[17]

그는 "여러분이 유대인의 삶의 방식에 탄복한다면, 우리와 어떤 공통점이 있겠는가?"라며 동료 기독교인들을 맹렬하게 꾸짖었다.[18] 크리소스토무스는 자신을 신봉하는 자들에게 유대인, 그리고 금식 같은 유대교 관행을 지키는 기독교인을 "혐오"하고 멀리하는 자신을 본받으라고 촉구했다. 그는 유대인과 피를 섞은 기독교인에 맞서고 꾸짖으라고 추종자들을 재촉하면서, 이런 기독교인들을 말로 고칠 수 없다면 매질까지 해야 한다고 강조했다. 폭력으로도 내집단의 규범을 집행하지 못한다면, 빛을 보기를 거부하는 이런 자들은 기독교 공동체에서 축출해야 한다고도 했다.[19] 역설적이게도 크리소스토무스 자신도 이단이라는 혐의를 받으며 유배 도중 생을 마감하고 말았다. 훗날 명예가 회복되기는 했지만.[20]

오늘날 성자로 추앙되는 이 교부들을 극단주의자로 보아야 할까? 극단주의는 여러 신념으로 이루어진 스펙트럼이지, 꼭 하나의 단순한 종착지는 아니다. 오늘날 우리가 이해하는 극단

극단주의는 여러 신념으로
이루어진 스펙트럼이지, 꼭
하나의 단순한 종착지는 아니다.

주의의 사례로 이레나이우스를 꼽을 역사학자는 드물겠지만, 이단 개념을 정제하는 데 있어서 그가 담당했던 역할은 단기적으로든 장기적으로든 교회의 궤적에 엄청난 후과를 초래했다. 이는 훗날 유대교와 이슬람교를 비롯한 여타 종교의 이단 개념에도 그러했다.

내집단 내부의 갈등은 정통 신앙을 확립하는 데 필수적인 부분이며, 이레나이우스는 명백히 이 과정에 관련되었다. 이에 비해 크리소스토무스의 글들은 더 문제가 있다. 그가 표방한 목표는 부적격 내집단 성원의 관행을 바로잡는 것이었으나, 그의 설교는 유대인을 적으로서의 외집단으로 설정하고 이를 겨냥한 폭력과 떠들썩한 공격을 촉구했다. 그러므로 크리소스토무스가 많은 사람에게 반유대주의 역사에서 중요한 인물로 이해되는 것도 일리가 있다. 물론 이런 이해는 그리 간단하지도 않고 일반적이지도 않지만.

이런 인물들이 극단주의자에 대한 우리의 선입관에 부합하든 그렇지 않든 간에, 이들이 초기에 집단을 정의하는 방식은 그 후에 여러 세기를 거치며 이단이나 여타 외집단을 겨냥한 기독교도의 더욱 잔혹한 공격의 무대를 마련했다. 이런 공격은 처음에는 이교도와 유대인을 겨냥한 습격과 집단 폭력의 형태를 띠었지만, 나중에는 더욱 음흉해져서 십자군과 종교재판소의 형태를 띠게 되었다.[21]

정체성은 흔히 그때그때의 상황에 따라 편의적으로 형성되지만, 공언되기 전까지는 유의미하게 존재하지 않는다. 정체성은 발견하는 것이 아니라 창조하는 것이므로 짜 맞추는 과정이 중요하다. (내집단과 외집단의) 각각의 집단 정의는 신념, 특성, 관행에 관한 정보들로 채워져야 할 하나의 형판이다. 그리고 이러한 정보 출처들은 집단의 태도를 형성한다.

우리는 두 가지 경로로 정보를 얻는데, 직접 경험(우리에게 일어난 것)과 전달(타인이 우리에게 이야기한 것)이 그것이다. 경험과 전달은 둘 다 주관적이지만, 특히 전달은 순전한 오해, 우발적 오정보, 의도적 조작에 취약하다.

내집단 성원은 내집단의 신념, 특성, 현재 관행을 보통은 몸소 경험한다. 이에 비해 과거 관행에 관한 정보는 이를테면 경전이나 기록된 역사의 형태로 전달받는다. 관행은 보통은 극단주의 이데올로기에서 가장 두드러지게 강조하는 요소이다. 내집단의 관행이야말로 정체성을 가장 명료하게 정의하고, 외집단의 관행이야말로 내집단에 대한 위협을 가장 명확하게 정의하기 때문이다(4장 참조).

외집단에 관한 내집단 성원의 정보는 전달에 더 많이 의존한다. 범주화는 본성상 내집단과 외집단 사이에 거리를 두도록 강요하여, 외집단을 이해하는 데 서사의 역할을 강화한다. 서사는 극단주의로 진화하는 내집단에 더욱 중요해진다. 내집단 성원은 외집단과 접촉을 피하도록 강요받거나 지시받으므로, 점점 부정적으로 되는 이런 관점과 모순되는 데이터 측정점을 갖지 못하게 되기 때문이다.

이 효과는 상당 정도 맥락에 달려 있다.[22] 여러 연구에서 강력히 시사하는 것처럼, 종합적으로 볼 때 사회 집단 간의 직접적 상호작용은 부정적 관점을 약화하는 경향이 있다.[23] 예컨대 이슬람교도에 관한 미국인의 견해를 묻는 여론 조사에 따르면, 이슬람교도를 개인적으로 아는 사람들은 부정적 견해를 보이는 경향이 적다.[24]

하지만 외집단 성원에 대하여 (인종 차별이나 폭력적 충돌 같은) 매우 부정적인 개인적 경험을 한 내집단 성원은 외집단 전체에 대해 지극히 부정적인 견해를 가질 수 있다. 어떤 외집단에 대해 외상에 가까운 개인적 경험을 한 사람은 그 이유도 찾으려 하는데, 따라서 이처럼 일어난 일을 맥락화해 주는 전달된 서사에 더 쉽게 취약해진다.[25]

내집단과 외집단 간의 직접적 접촉을 억제하거나 금지하는 금기를 만드는 수사修辭의 공간에서는 외집단에 대해 구성된 서사가 널리 퍼지고 힘을 얻을 수 있다. 이러한 서사는 다음과 같은 전달된 정보에 의존한다.

- 과거에 대한 정보
  - 실제 역사 혹은 합의된 역사
  - 해석된 역사 혹은 수정주의 역사

- 경전, 신화, 민속 같은 검증되지 않은 역사, 그리고 허구화된 역사 혹은 역사적 허구

- 현재에 대한 정보
  - 실제 뉴스
  - 가짜 뉴스 혹은 허구
  - 음모론
  - 분석
  - 여론

- 미래에 대한 예측
  - 분석
  - 예언
  - 디스토피아적 허구 혹은 종말론적 허구

이러한 정보 출처는 각 집단에 대한 정의를 형성한다. 정체성 운동이 극단주의를 향해 고조될수록 내집단의 장점으로 지각되는 것과 외집단의 배반 사이에 틈이 커져서 커다란 골을 이룬다.

EXTREMISM

사회적 집합체가 내집단과 외집단으로 나뉘는 것은 정상적이다. 내집단이 외집단에 대해 부정적 태도를 지니게 되는 것도 애석하지만 흔한 일이다. 자원을 둘러싼 경쟁이든, 가치를 둘러싼 충돌이든, 심지어 간헐적 전쟁이든, 내집단과 외집단이 갈등을 빚는 것은 정상적이다. 이러한 예사로운 사건은 보통 극단주의가 아니다. 대부분 갈등은 편협함과 혐오를 수반한다 해도 그때그때 상황 때문에 일시적으로 일어난다.

극단주의가 (맹목적인 혐오와 평범한 인종주의와 같은) 일상적으로 일어나는 불쾌한 일들과 다른 점은 갈등의 이유를 포괄적으로 합리화하고 갈등의 필요성을 강변한다는 데 있다. 극단주의는 반감이나 편견 이상의 것이다. 편견과 관련이 있되 구별되는 문제이다. 극단주의는 외집단의 근본적 정체성이 그 본성상 내집단에 해로우므로 늘 외집단에 적극적으로 맞서야 한다는 주장인 것이다.

그러한 대립의 성격은 (언어폭력이나 배척과 같은) 피해가

덜한 조치부터 (억류나 집단학살과 같은) 가혹한 전술에 이르는
어떤 스펙트럼에 걸쳐 있다. 전술적이고 일시적인 휴전은 가능
하지만, 극단주의자는 내집단의 성공이 외집단을 겨냥한 적대
행위와 불가분하다고 믿는다. 외집단을 확고하게 지배하거나
파괴해야 비로소 항구적 평화가 찾아오는데, 이는 거의 이룰 수
없는 성과이다. 드물지만 외집단이 사실상 파괴되더라도 극단
주의 내집단은 거의 언제나 새로운 외집단과의 갈등에 착수하
려 할 것이기 때문이다. 예를 들어, 알비 십자군이 카타리파를
소탕한 후(1장) 로마 가톨릭교회는 새로운 유형의 이단을 척결
하기 위해 종교재판을 점점 격렬하게 벌이기 시작했다.

적대 행위의 필요성은 외집단이 어떤 식으로든 내집단의
성공을 방해한다는 믿음과 이런 방해가 외집단의 내재적 정체
성에서 비롯된다는 믿음에 결부된다. 극단주의 정체성이 구성
되어감에 따라 내집단은 외집단을 자신의 정당성에 대한 진정
한 위협으로 간주하기 시작한다. 이런 위협은 **위기**를 초래하는
데, 이때 위기란 내집단의 적극적 대응을 요구하는 중심 사건을
뜻한다. 극단 내집단은 어떤 **해법**을 제시하는데, 이런 해법은 위
기를 해결하기 위해 외집단을 겨냥하는 적대 행위로 이루어진
다. 이것이 극단주의의 가치 제안이다.[1]

2001년 9월 11일 이전의 알카에다 선전 영화 중 가장 악명 높던

극단 내집단은 어떤 해법을
제시하는데, 이런 해법은 위기를
해결하기 위해 외집단을 겨냥하는
적대 행위로 이루어진다. 이것이
극단주의의 가치 제안이다.

〈움마의 상황The State of the Ummah〉는 2001년 초 비디오테이프로 공개되었다. 움마는 이슬람교도의 세계 공동체를 뜻하는 아랍어이다. 오늘날의 기준으로 무절제하기 짝이 없는 극단주의 선전물인 이 다큐멘터리는 세 부분으로 나뉘는데, 각 부분의 제목은 큼직하고 굵은 노란색 글자이다.

첫 부분인 "부슬림 움마의 상황"에는 전 세계의 이슬람교도를 괴롭히는 상호연관된 여러 위기가 적나라하게 묘사된다. 이런 위기에 포함된 실제적이거나 왜곡된 잔혹 행위는 아프가니스탄, 보스니아, 체첸, 조지아, 카슈미르, 쿠르디스탄, 팔레스타인, 필리핀, 소말리아, 타지키스탄 등 여러 나라에서 이슬람교도를 겨냥하여 벌어진 일들이다. 수십만 명의 이슬람교도가 학살당하고 수만 명의 이슬람 여성이 강간당하는 장면이 묘사된다. 여기서 이슬람교도는 알카에다의 적격 내집단으로 표현되고, 그들의 상황은 비참하고 소름 끼치는 분위기로 그려진다.

두 번째 부분인 "원인"은 알카에다의 외집단을 정의하는데, 여기에는 (사우디아라비아와 이집트의 부패한 아랍 정권으로 이루어진) "가까운" 적과 (가까운 적을 지원하는 유대인, 러시아인, 미국을 비롯한) "먼" 적이 포함된다. 이 부분에는 이집트와 사우디의 악행을 먼 적과의 공조 하에 저지른 것으로 묘사하는 긴 동영상들이 들어있다.

다큐멘터리의 세 번째 부분의 제목은 "해법"으로, 빈 라덴이 말하는 동영상으로 시작한다.

 극단주의

그러므로 병을 안다면 치료할 수 있습니다. 치료법은 알라의 책에 있습니다. 히즈라(이주)와 지하드(성전)… 그래서 이는 이슬람교도에게 지워진 임무입니다. 특히 성실한 학자, 정직한 사업가, 부족장 중에서 지도자 위치에 있는 사람들은 알라를 위하여 이주하고, 지하드의 기치를 들 곳을 찾아내고, 움마를 부흥시켜 그들의 종교와 생명을 보호해야 합니다. 그러지 않으면 그들은 모든 것을 잃을 것입니다.

"해법"은 이 맥락에서 폭력 행위를 뜻하는 지하드에 불과한 것이 아니라 알카에다 조직이다. 이 조직의 전사들은 테러 전술과 폭동 전술을 철저하게 훈련받는 것으로 묘사된다. 이슬람 내집단 성원이 이런 해법에 접근하려면 먼저 알카에다에 가입하거나 알카에다를 지지해야 한다.

위기

일상적 문제에 대한 해법은 일상적이다. 이에 비해 해결 방식에 따라 사회의 흥망이 결정될 만큼 심각하게 여겨지는 위기와 부딪히면 예외적 해법을 고려하게 된다. 극단주의 스펙트럼에서 운동이 점차 급진화하고 진전될수록 외집단을 향한 부정적 태도는 점차 극심해진다. 따라서 내집단과 외집단의 갈등은 너무 긴박해져서 적대 행위가 의무가 되기에 이른다. 이런 급진화 과정이 억제되지 않고 계속되면, 여기에서 제안하는 행동의 성격은 점점 심각해지고 결국 폭력으로 귀결된다.

앞 장에서 논의했듯, 일단 외집단의 존재가 규정되면 이를 정의해야 한다. 위기의 서사를 구축하기 위하여 (내집단과 외집단 간의 정치적 분쟁이나 폭력적 충돌과 같은) 실재하는 갈등이 상상되거나 조작된 정보와 뒤섞인다. 사실과 허구의 비율은 극단주의 운동마다 다르지만 이런 혼합은 노상 일어나는 일이다.

극단주의 운동은 다양한 유형의 위기 서사에 의존하는데, 이런 서사들은 각각 개별적으로 이용되거나 서로 결합한다. 꽤 오래 존속하는 극단주의 운동은 여러 위기 서사를 동시에 또는 차례로 활용할 것이다.

극단주의 서사는 통상적 정치의 위기도 자주 포함하지만, 대개 이런 위기는 극단주의 이데올로기를 끌고 나가기에 충분하지 않다. 통상적 정치의 주요 기능은 협상과 타협을 통해 갈등을 신속하게 해결하는 것이기 때문이다.

극단주의 운동은 평범한 수단을 통해 갈등을 해결하려 하지 않으며 일반적으로 타협을 거부한다. 극단주의에서 위기는 어떤 외집단의 내재적 정체성 탓이므로 외집단을 항구적으로 지배하거나 제거하지 않고서는 해결할 수 없다.

이처럼 위기와 외집단 정체성이 긴밀하게 결부되므로 극단주의자는 적대 행위의 촉구와 내집단의 성공이나 생존을 분리할 수 없다. 극단주의에서 위기는 상대적이거나 상황적인 것이 아니라 내집단 정의와 외집단 정의 사이의 간극으로부터 끈질기게 진행되는 것이다.

극단주의자들이 활용하는 가장 일반적인 위기 서사는 다음과 같다.

- **불순함**: 내집단의 신념, 관행, 특성의 타락. 때로는 외집단의 신념, 관행, 특성이 침투한다는 것을 포함한다.
- **음모**: 외집단이 내집단에서 일어나는 일들을 통제하려 은밀하게 행동한다는 믿음.
- **디스토피아**: 사회가 내집단에 불리한 방향으로 나아가도록 하는 데 외집단이 성공했다는 믿음.
- **실존적 위협**: 외집단이 내집단의 존속을 위협한다는 믿음.
- **종말론**: 외집단이 머지않아 역사의 총체적 종말을 불러오리라는 믿음.

내집단이 현재 불이익을 받고 있다고 가정하는 이러한 대부분의 위기 외에도, 성공적인 극단주의 집단은 **승리주의**(외집단을 겨냥한 적대 행위를 고조해야 내집단의 성공을 지킬 수 있다는 믿음)의 위기에 봉착할 수도 있다.

불순함

극단주의의 맥락에서 **순수함**은 현재의 내집단이 신념, 특성, 관행에 있어서 이데올로기가 서술하는 원형적 내집단 정체성에 얼마나 부합하는가를 판단하는 척도이다. 이와 관련된 서사들에서는 순수함에 대한 공격을 흔히 광범한 위기의 일부로 해석

한다. 그러나 어떤 경우에는 순수함과 불순함이 위기의 진원지이다.

내집단이 원형적 정체성에서 벗어나면 불순함은 위기로 바뀌고, 이 내집단이 신념, 특성, 관행에서 외집단을 닮기 시작하면 불순함은 위태로울 만큼 긴박해진다. 내집단은 외집단과의 과도하게 우호적인 접촉이나 교혼 탓에 타락하거나, 내집단에 외집단 정체성 요소들이 전파되어 타락할 수도 있다.

내집단을 유전적으로 엄격하게 정의하는 인종 극단주의자에게 불순함은 아무 문제도 일으키지 않더라도 그 자체로 실존적 위협이다. 서로 다른 인종 사이의 성관계는 내집단의 정의로 볼 때 실격인 자손을 낳고, 이런 결합이 일어나면 그만큼 동일 인종끼리의 결합이 줄어든다고 여겨진다. 따라서 현대의 백인 민족주의자들은 인종 혼합을 "백인 집단학살"이라고 부르는데, "순수" 백인인 결혼 후보자가 줄어들기 때문이라는 것이다.

순수함은 종교적 내집단과 이데올로기적 내집단의 경우에 더 복잡하다. 외집단과의 접촉에서 비롯된다는 타락은 그 본성상 정신적 타락 혹은 영적 타락이기 때문이다. 이런 집단에게 불순함은 그보다 더 큰 위기를 이루는 여러 요소 중 하나이다.

예컨대 이슬람주의 극단주의 운동과 지하디스트 극단주의 운동에서는 "순수한" 이슬람교의 타락[2]이 이슬람교도들의 고통과 직결된다고 본다. 첫째로 이슬람교도들이 이런 운동을 파괴하려는 외집단과 작당하게 만들기 때문이고, 둘째로 종교를 "변질"시켜 내집단 정체성의 순수함을 타락시키는 **비드아**bid'ah(종

                                                      극단주의

교 혁신)를 고무하기 때문이다.[3]

오컴의 면도날이라는 분석 원칙은 "실체를 필요 이상으로 늘리면 안 된다"는 것이다. 그 본질적 의미는 이론은 검약해야 한다는 것, 달리 말해 세계에 대한 어떤 관찰을 설명하는 데 꼭 필요한 만큼만 전제해야 한다는 것이다. 보통은 "더 단순한 설명이 더 옳을 공산이 크다"라는 말로 바꾸어 표현하기도 한다.[4]

이와 달리 극단주의자는 오컴의 벽돌공이다. 그들은 신이 나서 실체를 늘리며, 시간이 지날수록 점점 더 복잡한 이론에 끌린다. 이런 이론은 일반적으로는 세상 전체를 설명하고 특수하게는 외집단의 본성을 설명한다. 음모론 주장에 따르면, 외집단은 은밀한 방법으로 내집단의 성공과 생존을 손수 통제한다.

극단주의 이데올로그들이 내집단을 괴롭히는 실제 문제나 그렇다고 생각되는 문제를 설명하는 데 써먹는 가장 강력하고 보편적인 도구 중 하나가 음모론이다. 이들은 이런 문제가 외집단의 엘리트 성원들로 이루어진 강력한 세력이 은밀하게 꾸미는 술책으로 일어난다고 본다. 권력이 내집단이 아니라 어떤 외집단에 있다고 주장하기 위해 이들이 써먹는 어떤 이항대립은 서사를 가차 없이 극단주의로 내달리게 만든다.

- 내집단은 장점은 많지만 힘이 부족하다.
- 외집단은 장점은 적지만 힘이 특별하다.

이 양극단 사이에 존재하는 커다란 간극 탓에 특단의 조치 없이는 해결할 수 없는 극심한 위기감이 생겨난다. 이 위기를 해결하려면 외집단에 저항할 힘이 있는, 여기 상응하는 내집단 부분, 즉 장점과 힘의 수준이 모두 높은 극단 내집단이 만들어져야 한다. 극단주의 세계관에서는 장점과 힘의 간극이 빈번히 발견되는데, 이를 표현하는 데 아마 가장 효과적인 방법이 음모론일 것이다.[5]

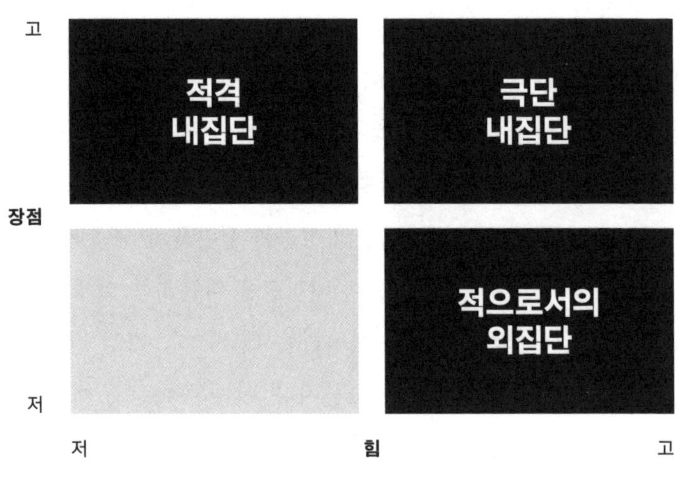

[그림 2] 극단주의 음모론에서 장점과 힘의 분포

여러 연구에 따르면, 대개 음모론은 복잡한 문제를 일관되게 설명하려는 욕구에서 생기곤 한다.[6] 현실 세계는 뒤죽박죽인데, 음모론은 가끔 이해하기 어렵기는 하지만 그래도 깔끔한 편이다. 미국 역사학자 리처드 호프스태터Richard Hofstadter가 1964년에

 극단주의

펴낸 고전적 에세이 〈미국 정치의 편집증적 스타일〉[7]에 의하면, 음모론은,

> 일관성이 없다면 아무 의미도 없다. 사실 편집증적 사고방식은 현실 세계보다 훨씬 일관성이 있다. 실수, 실패, 모호함이 생겨날 여지를 남기지 않기 때문이다. 그것은 전적으로 합리적이지는 않더라도 적어도 강렬하게 합리주의적이다. 또한, 자신이 맞서는 적이 완벽하게 악할 뿐만 아니라 절대적으로 합리적이라고 믿기 때문에, 완벽한 확신을 가진다고 여겨지는 적과 맞서기 위해 자신도 완전한 확신을 가지려고 한다. 그래서 설명하지 못할 것은 하나도 없으며, 거대하고 일관적인 하나의 이론을 가지고 모든 현실을 이해한다.[8]

음모론은 누적적이기도 하다. 하나의 음모론에 동의하는 사람은 다른 음모론에도 동의할 공산이 크다는 의미이다.[9] 음모론이 어떤 운동의 생태계에 들어온 후에는 틀림없이 이론이 더 많아지거나 기존 이론이 더 정교해질 것이다. 특히 이런 이유 때문에 음모론은 극단주의 문헌에서 가장 보편적인 위기 서사 중 하나이다.

앞 장에서 논의했듯이, 음모론은 전달된 정보이지만 종종 개인의 경험을 설명하려는 욕구에서 생긴다. 예컨대 여러 연구에서 밝혀진 바에 의하면, 인종 내집단 성원이 어떤 형태의 차별을 몸소 경험하면 그러한 경험을 설명하는 음모론을 신뢰할 가

능성이 더 크다.[10] 내집단 성원은 기존 상황이 혼란에 빠지는 것을 경험하면 이런 불확실성을 이해하고자 음모론에 의지하게 된다.

그러나 음모론의 내용이 전달되는 이유는, 음모론에서는 언제나 보이지 않는 손이 눈에 보이는 사건을 일으킨다고 전가하고 이런 손을 폭로하고 묘사하기 때문이다. 따라서 음모의 서사는 조작하기가 꽤 쉽다.

이런 효과를 증폭하는 것은 음모론이 논증에 내재하는 한 가지 요소이다. 음모론은 단순한 이야기가 아니라 청중이 특정 결론에 도달하도록 설득하는 것이다.[11] 극단주의 이데올로그들은 어떤 구성된 외집단 정체성의 중심에 음모론을 놓고 세부 내용을 부풀려 외집단에 대한 묘사를 윤색한다. 호프스태터의 날카로운 통찰에 의하면,

편집증적 문헌에서 인상적인 점은 바로 거의 언제나 정교한 논증을 추구한다는 사실이다. … 결론이 기상천외하다는 바로 그 점 때문에, 그런 믿기 힘든 것이 유일하게 믿을 만한 것임을 입증할 "증거"를 보이기 위해 영웅적으로 분투하는 것이다. … 편집증적 문헌은 편집증이 아닌 사람들에게도 정당화될 수 있는 어떤 도덕적 책무에서 출발할 뿐만 아니라, 신중하고 거의 강박적으로 "증거"를 모은다.[12]

정체성 집단에 관한 서술은 시간이 지남에 따라 항상 세부 내용

 극단주의

이 자연스럽게 축적되지만, 세부 내용이 급작스레 늘어나는 것은 극단주의 흐름이 자라고 있기 때문일 수도 있다.

급진화는 궁극적으로 내집단과 외집단의 분열을 확대하고자 한다. 그래서 주로 외집단의 행동을 설명하는 음모론은 이항 대립의 절반만 보여줄 따름이다. 분열이 가장 커지는 것은 내집단이 장점은 있지만 취약하다고 여겨질 때이다. 각 서술의 세부 내용이 늘어날수록 내집단과 외집단의 분열도 커지는데, 때로는 무섭게 빨리 커진다.

디스토피아

디스토피아는 독이 속속들이 들어찬 사회이다. 부패하거나 현혹되거나 무능하거나 비도덕적이거나 폭압적이거나 통제 불가능하거나 이 모두에 해당한다. 이보다 더 극심하거나 불안한 위기는 없다시피 하다. 그래서 디스토피아 서사는 극단주의 이데올로그와 선전가에게 굉장한 가치를 갖는다.

많은 극단주의 서사는 노골적으로 디스토피아적인데, 이는 사회를 뿌리부터 전복하려는 테러 운동이나 혁명 운동에 특히 쓸모 있는 주제이다. 기존 사회 질서의 철저한 파괴가 가장 쉽게 정당화되는 것은 그 체제가 전혀 회복될 수 없을 때이다.

디스토피아에 대한 두려움을 전파하는 길은 진실을 선택적으로 알리는 것이다. 디스토피아 서사들은 서로 엉겨 붙어 음모론이 되거나 소설로 묘사되기도 한다. 디스토피아라는 주제는 많은 극단주의 운동에 등장하지만, 지난 두 세기 동안은 특히 우익 인종주의 소설에서 효과가 있었다. 가령 남북전쟁 이전에 미국에서 출판된 노예제 옹호 소설《미래 예측 Anticipations of the Future》과 1970년대 프랑스에서 출판된 인종주의 반이주자 소설 《성자들의 진지 Le Camp des saints》 등이 그렇다. 이보다 덜 알려진 수많은 디스토피아 소설은 과열된 인종차별주의적 악몽들이다.[13] 1978년 발표된 백인 민족주의 소설《터너의 일기 The Turner Diaries》가 그런 디스토피아 소설인데, 이 소설은 소수자들이 미국을 점령한 후 백인을 무장 해제한다는 내용이다. 이 책은 168명의 목숨을 앗아간 오클라호마시티 폭탄 테러를 비롯하여 지금까지 수십 건의 다른 살인 사건에 영감을 제공하는 핵심 역할을 했다.

그러나 디스토피아 서사가 우익 운동에만 한정되는 것은 아니다. 1908년 출판된 잭 런던 Jack London의 사회주의 디스토피아 소설《강철 군화 The Iron Heel》는 미국에서 폭력 혁명을 옹호한다. 온라인 해커 집단인 어나니머스를 상징하는 가이 포크스 가면은《브이 포 벤데타》에서 차용한 것인데, 이 디스토피아 만화는 1982년부터 1989년까지 연재되었고 나중에 영화로 각색되기도 했다.[14]

디스토피아 이야기, 특히 소설 형식의 디스토피아 이야기는 몰입도가 높고 독자의 상상력을 효과적으로 사로잡는다. 디스토피아 장르는 오랫동안 주류 독자층에 인기를 끌었기에 극단주의자의 모집과 선전에 활용하는 매력적인 도구이다.[15]

극단주의 디스토피아 서사에 등장하는 부패한 정권은 외

　　　　　　　　　　　　　　　　　극단주의

집단을 편들고 내집단에 불이익을 주는데, 여기에서 흔히 음모론을 생동감 있게 재현하거나 허구화한다.[16] 극단주의 디스토피아 서사는 나아가 극단 내집단이 적격 내집단을 비판하는 수단이다. 디스토피아 서사는 대개 내집단 성원의 나약함과 묵종을 비난한다. 가령 《터너의 일기》는 백인 미국인들을 비판하는 데 상당 부분을 할애하는데, 이들이 이 책에서 서술하는 디스토피아적 미래를 굳게 믿지 못하고 수동적 태도를 보이는 점을 비난하는 것이다.

다른 한편, 디스토피아 서사, 특히 근미래를 배경으로 한 허구적 이야기를 활용하면 음모 서사만 활용하는 것보다 더 강력한 영향을 미칠 수 있다. 디스토피아 서사는 흔히 사회의 부패를 미리 막거나 되돌리려는 전략까지 담기 때문이다. 소설에 나타나는 이런 전략에서는 극단주의 추종자들이 공감할 만한 주인공이 등장하기도 한다. 《터너의 일기》나 이를 모방한 많은 작품에서는 행동의 촉구가 매우 구체적이어서 소설이 일종의 사용설명서를 겸한다.

소설은 디스토피아 서사를 전달하는 데 특히 효과적인 메커니즘이지만, 유일한 수단은 아니다. 그래서 주류의 정치적 수사와 극단주의의 정치적 수사는 모두 연설, 기사, 비소설, 동영상 등 다양한 형식으로 현재의 절망이나 근미래의 재앙이라는 유령을 밤낮없이 불러낸다.[17]

극단주의자들은 대개 내집단의 존속이 위협받고 있다고 묘사한다. 실존적 위협은 보통 금방 일어날 것으로 인식되며, 군사적 위협, 문화적 위협, 인종적 위협을 비롯하여 다양한 형태로 나타날 수 있다.

노르웨이의 테러범 아네르스 브레이비크Anders Breivik 같은 반이슬람 극단주의자는 흔히 이슬람이 서양 문화에 실존적 위협이라고 규정하면서, 이슬람교도들의 이주와 포교로 인하여 민주주의가 송두리째 전복되고 자신들의 상상 속 "샤리아〔이슬람 율법〕" 신정국가로 대체될 거라는 두려움을 부추기곤 한다.

한편 알카에다를 선전하는 미국인 안와르 알아울라키Anwar al-Awlaki 같은 이슬람 극단주의자는 정반대 주장을 펼쳐왔는데, 서구가 이슬람교도와 아랍인을 집단학살하려 한다는 것이다. 알아울라키는 2002년 연설에서 이렇게 경고했다. 미국인과 유럽인은 "자신들과 더불어 살고 있는 모든 아랍인에게 접근하여 아랍인 남녀와 어린아이를 깡그리 죽일 것이다. 그들은 몰살될 것이다. 홀로코스트이다."[18]

자신의 내집단이 철저히 파괴될 수 있다는 공포는 중독적이어서 내집단 성원을 집결하는 효과적 방법이다. 극단주의 집단이 (음모와 디스토피아와 같은) 억압적인 위기 서사에서 (일촉즉발의 집단학살 같은) 실존적 서사로 치닫는 것은 조만간 극단주의의 폭력이 뒤따르리라는 전조일 수 있다. 하지만 이런 위협이 적은데도 그것을 핑계로 폭력을 행사하는 운동이 있는가 하면, 실존적 위협이 일어나는 것은 먼 미래의 어느 시점일 테니 꼭 당장 폭력으로 대응할 필요는 없다고 보는 운동도 있다.

종말론

위기 서사의 가장 진보된 형태는 종말론 서사이다. 내집단뿐 아니라 우리에게 익숙한 이 세계도 재앙을 맞으리라 예언하는 것이다. 종말론적 위기 서사는 역사의 종말을 묘사하는데, 흔히 종교적 용어를 사용하지만 늘 그런 것은 아니다.

종말론 서사에는 두 가지 유형이 있다. 첫 번째 유형은 단순히 인간 사회의 종말을 서술한다. 이런 재앙을 막기 위해 내집단 성원이 행동해야 한다고 촉구하는데, 그 행동은 종말을 부르는 외집단의 행동에 맞서는 것이다. 예를 들면, 2011년 발표된 생태 극단주의 선언 《심록深綠 저항군: 지구를 구하는 전략Deep Green Resistance: Strategy to Save the Planet》에서는 "산업 문명" 혹은 "산업 사회"로 정의된 외집단이 환경을 쑥밭으로 만들 것이며, "모든 생명"이 파괴되는 일을 막으려면 이 운동의 추종자들이 사보타주는 물론이고 폭력까지 동원하여 산업 시스템에 맞서 싸워야 한다고 주장한다.[19]

종말론적 서사의 두 번째 유형은 더욱 음흉하고 유혹적이다. **천년왕국 믿음**은 지금 세상이 곧 완벽한 유토피아 세상으로 바뀔 것이라고 믿는다. 천년왕국설의 종말론 운동에서는 현재의 역사시대가 곧 종말을 맞을 것이라고 믿는데, 이런 서사는 전형적으로 예언에 기초한다. 이런 절정에 도달하면 어떤 우주적 파괴의 파도가 들이칠 텐데, 이것은 보통 선택받은 내집단과 악마적 외집단 간의 종말론적 전쟁과 결부된다. 그리고 그다음에는 완벽한 유토피아 사회가 도래할 것이다.

천년왕국 사상은 (선한 세력과 악한 세력의 싸움이 절정에 이르는) 아마게돈 이후 예수가 재림하여 천 년간의 거룩한 통치를 시작할 것이라는 기독교의 염원에서 나온 것이다. 인간을 완성하는 이 시기가 지나고 나서야 비로소 세상이 끝나고 최후의 심판이 뒤따를 것이다. 천년왕국설에서 종말론적 전쟁은 단순한 마구잡이 파괴 행위가 아니다. 완벽한 유토피아 세상의 도래에 대비하여 디스토피아적인 현세의 쓰레기를 제거하는 일이다.

때로는 오래가지 못했으나 종종 중대한 영향을 미쳤던 여러 종말론 운동은 수천 년간 명맥을 이어왔다. 음모론과 마찬가지로 이런 운동은 불확실성에 대한 반응일지도 모른다. 영국의 역사학자 노먼 콘Norman Cohn은 중세의 천년왕국 운동들을 다룬 획기적 연구에서, 그러한 운동은 "급격한 경제 및 사회 변화"의 시기에 태동했다고 쓴다. 개인의 사회적 역할이 고정적이면 "어떤 안전한 느낌"이 생기는데, 이것은 "항상 가난하고 간혹 위험에 처하더라도 파괴되지 않는 근본적 안정감"이다. 그러나 "전통적인 사회적 유대가 약해지거나 산산이 부서지면" 천년왕국 운동과 종말론 운동이 태동할 공산이 더 커졌다.[20]

승리주의

극단주의를 둘러싼 현재의 담론은 대개 불만이나 불이익이라는 생각에 기초하지만, 극단주의가 꼭 실제 위협에 처한 집단에서만 나타나는 것은 아니다. 우리는 일반적으로 어떤 위기crisis를 재앙이라는 관점에서 생각하지만, 이 영어 단어의 어원은 "분리 행위, 결정, 판단, 사건, 결과, 전환점, 급변"을 의미하는 그리스어 크리시스krisis이다. 영어에서도 **위기**라는 단어는 중대한 행위로 역사의 방향이 바뀔 수도 있는 순간, 즉 변곡점을 가리킬 수 있다.[21]

재앙이 아닌 위기는 내집단이 갑작스럽고 혁명적인 성공을 경험할 때 나타날 수 있는데, 특히 이런 성공이 외집단에 타격이나 패배를 안겨주는 적대 행위의 성공과 결부될 때 그러하다. 이는 극단주의 운동에서는 승리주의 수사로 나타난다. 이렇게 정식화되는 위기는 도전이 아니라 기회이고, 추종자들은 이런 기회를 완벽하게 실현하기 위해 적극 참여해야 한다.

이런 효과가 가장 파렴치하게 드러난 것은 아마도 레니 리펜슈탈Leni Riefenstahl이 1935년 나치를 선전하기 위해 제작한 장편 서사 영화 〈의지의 승리Triumph of the Will〉일 것이다. 나치당의 연례 전당대회를 촬영한 이 영화는 성대하고 화려한 행사로 군사력과 경제력을 과시하는 히틀러와 나치 정권을 전시하고 있다. 독일 국민이 혼란과 좌절을 겪던 시기에 태동한 나치즘은 타오르는 승리주의 아래 번성했다.

또 다른 극단주의 집단들, 특히 IS는 승리주의를 활용해 커다란 효과를 거두었다. 알카에다의 선전 및 이데올로기적 강령은 테러리즘에 기초하는데, 그 이유는 이 운동이 전쟁을 벌이거나 전쟁에서 승리하기에는 너무 약했기 때문이다. 이미 2011년에 (훗날 IS로 이름을 바꾸는) 이라크 IS는 이 서사를 뒤집기 시작하고 선전을 활용하여 힘을 뽐내고 성공을 기록했다. 2014년 6월에 IS가 이라크의 모술을 장악하여 칼리프가 통치하는 나라라고 선언했을 때, 이 선언은 IS의 승리주의 수사를 정당화하고 조직이 급성장하도록 북돋아 전 세계에 위협이 되었다.

곧이어 눈보라처럼 휘몰아친 선전에서는 칼리프 국가의 역사적 본성을 역설하고 유토피아 기획의 성공에 참여하는 일이 매력적이라고 강조했다. 매우 성공적이던 이런 메시지는 IS의 수많은 외집단, 특히 시아파 이슬람교도와 서양인을 겨냥한 끔찍한 폭력 행위를 자행하는, 완전히 실현된 천년왕국에 대한 환상을 불러일으켰다.[22]

승리주의 서사는 내집단을 (적어도 이 세상에서) 최대한 높이는 데 주력하면서도 흔히 이런 승격이 취약하다고 묘사한다. 내집단의 지속적 성공을 보장하는 것은 외집단을 향한 지속적 적대 행위뿐이다. 승리주의 수사에서 이런 외집단을 언급할 수도 있고 하지 않을 수도 있지만, 이런 외집단의 위협은 결코 시야에서 사라지지 않는다.

사례 연구: 《시온 장로 의정서》

반유대주의 음모론을 담고 있는 악명 높은 소책자 《시온 장로 의정서 The Protocols of the Learned Elders of Zion》는 1903년 처음 출판된 이래로 매우 다양한 극단주의 운동에 영향을 미쳤다. 이 책은 사회에 미치는 유대인의 영향력을 둘러싼 여러 음모론을 절반쯤 표절하여 엮은 것인데, 처음에는 러시아어로, 나중에는 영어로 출판되었다.[23] 이 《시온 의정서》는 미국에서는 1920년 보스턴의 스몰, 메이너드 출판사에서 간행되었다.[24]

유대 정체성에 관한 인종적 관점을 밀고 나가는 《시온 의정서》가 여러 해에 걸쳐서 반향을 일으킨 데는 많은 이유가 있었으나 특히 근대성과 대의 정부에 대한 교묘한 비판이 큰 역할을 했는데,[25] 이런 비판은 모리스 졸리Maurice Joly가 1864년 저술한 《마키아벨리와 몽테스키외의 지옥에서의 대화Dialogue in Hell between Machiavelli and Montesquieu》(그리고 또 다른 출처들)에서 대부분 표절한 것이다. 프랑스에서 발간된 《마키아벨리와 몽테스키외의 지옥에서의 대화》에서 핵심은 허구화된 마키아벨리가 당시 프랑스 황제 나폴레옹 3세에게 가하는 비판이다.[26]

《시온 의정서》에서 이런 비판은 인종 기반의 유대인의 음모가 촉발한 국제적 위기들을 서술하는 방식으로 개작되었다. 이런 위기들은 가지각색이고 범위가 넓어서 독자는 이것들을 현실에서 일어나는 걱정스러운 일들과 쉽게 연관 지을 수 있다. 미국판의 머리말과 부록에서는 1917년 러시아에서 볼셰비키가 일으킨 10월 혁명을 유대인의 음모라고 뒤집어씌웠는데, 이처럼 반유대주의를 공산주의에 연결하는 것은 훗날 다양한 극단주의 운동에서 활용한 아이디어였다.

《시온 의정서》에 담긴 음모론은 당대의 가장 큰 확성기들이 증폭하고 대중화했는데, 히틀러와 제3제국의 선전 장치도 이런 확성기였다. 《시온 의정서》에 토대를 둔 수백 편의 기사가 헨리 포드 Henry Ford의 신문 《디어본 인디펜던트 Dearborn Independent》에 실려서 미국에서 반유대주의가 대중적으로 널리 퍼지는 데 일조했다.[27]

비교적 절제된 영국 이스라엘주의 정체성 운동(3장)이 악성적이고 폭력적인 인종주의 종교, 즉 기독교 정체성으로 진화하는 데는 《시온 의정서》의 음모론이 결정적 역할을 했다. 《시온 의정서》를 접한 영국 이스라엘주의 저술가들은 이제 유대 정체성이 앵글로색슨과 긴밀한 동맹 관계가 아니라 지독한 적대 관계라고 보게 되었다.

특히 주목할 만한 어느 글에서 익명의 영국 이스라엘주의 작가는 《시온 의정서》의 음모론을 디스토피아 소설 형식 및 기독교 천년왕국 환상과 뒤섞었는데, 이것은 기독교 정체성에 대한 최초의 공개적 진술이었다. 1944년 출판된 《언제? 아주 가까운 미래에 대한 예언 소설 When? A Prophetical Novel of the Very Near Future melded the Protocols》이라는 이 책은 《시온 의정서》의 음모론을 그보다 앞선 영국 이스라엘주의 경전들과 혼합하여 유대인이 말 그대로 사탄의 유전적 후손이라고 주장했고, 후속 작가들은 이런 주장을 더욱 강력하게 이어 나갔다. 이 소설에서는 이런 음모가 제3차 세계 대전의 직접적 원인이며, 그리스도가 이 땅에 재림하여 인종들을 분리하고 천년왕국 통치를 확립하면 세계 대전이 끝날 것이라고 주장했다.[28]

오늘날《시온 의정서》의 음모론은 다양한 극단주의 운동에서 영향력을 행사하고 있다. 보통은 원래의 반유대주의 맥락에서 그렇지만, 때로는 "세계주의자"와 "은행가"라는 외집단을 서술하는 모호한 언사들에서도 그렇다.[29] 또한《시온 의정서》의 음모론은 아랍 세계에도 널리 퍼져있는데,[30] 헤즈볼라와 하마스와 연계된 언론 및 이데올로기 단체 등에서 그렇다.[31]

해법

위기가 있으면 긴급 대응, 즉 그 위기가 제기하는 도전에 대한 해법이 필요하다. 극단주의의 **위기-해법 구성체**에서는 내집단에 벌어진 위기가 외집단(들) 탓이며 이 위기를 해결하려면 외집단에 적대 행위를 해야 한다고 상정한다. 이런 구성체는 극단주의 이데올로기와 선전의 핵심으로서, 비국가적인 폭력 행위자들의 선전을 연구하는 지도적 학자인 잉그럼이 "의미 체계"라고 부르는 것을 만들어낸다. 그것은 극단 내집단의 "대안 세계관"으로서, 외집단의 관점과 대립할 뿐 아니라 (대개) 적격 내집단의 관점과도 대립한다.[32]

극단주의 신념의 여러 요소(정체성, 위기, 해법)로 구성되는 이런 대안적 관점은 비상 조치를 정당화한다. 외집단이 초래한 위기에서 적격 내집단을 보호하기 위해 극단 내집단이 제시하는 해법은 자신이 서술하는 위협의 규모에 따라 달라지지만, 꼭 그 규모에 비례하지는 않는다.

극단주의 운동에서 제안하는 가장 일반적인 해결책은 아래와 같다.

- **괴롭힘**: 내집단 눈앞에서 의도적으로 외집단을 달갑지 않은 존재로 만드는 것
- **차별**: 내집단 성원에게 주어지는 혜택을 외집단 성원에게는 주지 않는 것
- **분리**: 내집단을 외집단과 물리적으로 갈라놓는 것
- **증오범죄**: 외집단 성원을 겨냥한 비조직적 폭력
- **테러리즘**: 극단주의 이데올로기를 선전하기 위해 비전투원에게 저지르는 공공연한 폭력
- **탄압**: 조직적 폭력까지 포함하는 공격적이고 조직적인 차별
- **전쟁**: 내집단과 외집단 간의 공개적이고 치명적인 싸움
- **집단학살**: 외집단 성원에 대해 대규모로 벌이는 조직적 살육

괴롭힘

괴롭힘은 언어폭력이나 의도적 모욕, 그리고 (공공기물 파손과 같이) 폭력에는 미치지 못하는, 외집단의 개인 공간이나 공용 공간에의 침입 등을 포함할 수 있다. 괴롭힘은 극단주의적 행위에서 가장 초기에 나타나는 요소이자 가장 공통적인 요소 중 하나로서, 흔히 더 심각한 급진화의 전조이다. 괴롭힘은 최소한 내집단의 결속을 강화하고 외집단 성원의 낮은 지위를 더 공고하게 유지한다. 그리고 최악으로는 조직적으로 악용되어 외집단

 극단주의

에 정신적 피해를 입히거나 위협을 가하고 외집단이 공적 사안에 참여하거나 공공시설을 사용할 용기를 내지 못하게 만들 수도 있다. 괴롭힘이 점점 심해지거나 (이를테면 인종적 멸칭을 사용하는 것이 내집단의 정체성을 나타내는 표지가 되는 것처럼) 내집단 결속의 요소가 되면 이내 폭력이 뒤따를 수 있다.

차별

차별은 계획적 전략이 아니라 외집단을 향한 비이데올로기적 적대감이나 전반적 편견의 산물일 수 있다. 혐오, 불신, 기존의 사회경제 구조는 조직적 차원에서 차별 행동으로 이어질 수 있는데, 이 행동으로 인해 외집단은 (예컨대 고용, 교육, 주거 기회와 같이) 내집단이 누리는 특권이나 사회 영역에서 배제된다.

차별은 계획적 전략일 수도 있다. 많은 이슬람 운동에서 이슬람교도가 아닌 사람의 특정 권리를 노골적으로 부정하는 것은 그 통치 구조의 일부이다.[33] 다른 사례를 보면 차별은 의도적이면서 은밀할 수도 있다. 예를 들어, 미국 대통령 리처드 닉슨이 특정 방식으로 벌인 마약과의 전쟁은 아프리카계 미국인을 겨냥했으나 그것을 노골적으로 드러내지는 않은 것으로 알려져 있다.[34]

이 책에서 사용한 정의를 따르자면, 어떤 운동이 의도적 차별 행위를 승인한다면 극단주의 운동으로 분류될 수 있다. 조직적 차별 중 어떤 유형은 때때로 사회에 존재하는 극단주의 흐름을 반영하지만, 그래도 분명 회색 지대에 속한다.

조직적 차별은 완전히 사라지지 않은 과거 극단주의 정책의 유산일 수도 있다. 예컨대, 여러 세대에 걸친 노예제도, 법적 차별, 특권 박탈은 최근의 다른 요인들과 결합하여 아프리카계 미국인 공동체에서 부의 창출을 가로막는 거대한 구조적 장애물을 만들었다.[35]

분리

분리는 내집단과 외집단을 물리적으로 차단하는 데서 시작하여 내집단과 외집단을 분리된 영토로 재배치하는 데까지 이른다. 그 예로는 미국에서 과거의 짐 크로 법이나 노스웨스트 준주準州 명령Northwest Territorial Imperative과 같은 최근의 백인 분리주의 운동이 있다. 노스웨스트 준주 명령은 백인들더러 태평양 연안 북서부로 이주해 종족 집거지를 건설하도록 권장하는 것이다.[36] 분리는 개념상으로는 자발적일 수도 있지만, 종국에는 강요될 수밖에 없으므로 길게 보면 폭력 없이 진행되기 어렵다.

종족 청소는 외집단을 추방함으로써 영토를 강제로 분리하는 것을 뜻하는데, 일반적으로 지극히 폭력적이다. 보통 소수 집단을 학살하거나 폭력으로 위협함으로써 내집단이 통제하는 영토를 떠나도록 강요하는데, 그래서 종족 청소 캠페인이 흔히 집단학살로 분류되는 것은 정당하다.

증오범죄

(인종, 종교, 젠더, 성적 정체성 및 기타 정체성 때문에 누군가를 폭

력이나 범죄적 괴롭힘의 대상으로 삼는) 증오범죄는 이데올로기 극단주의가 드러나는 하나의 양상일 수 있다. 그러나 증오범죄에 대한 법률 집행 자료를 비롯한 공공 데이터는 종종 충분하지 않아서 전반적으로 평가하기 어렵다. 2015년 미국 사우스캐롤라이나주의 찰스턴 교회에서 딜런 루프^{Dylann Roof}가 아홉 명을 살해한 사건처럼 명백하게 극단주의 신념이 초래한 이른바 증오범죄는 테러로 분류하는 것이 옳다. 그 행위의 목표가 정치적 메시지를 보내는 것이기 때문이다. 그러나 모든 극단주의자가 루프처럼 선언문을 남기는 것은 아니다. 흔히 명료하게 정의된 극단주의 이데올로기가 없는 사람이 편견을 가질 수도 있고, 그런 편견이 폭력으로 이어질 수도 있다. 사람들이 왜 증오범죄를 저지르고 이런 사람 중에 극단주의 이데올로기에 노출된 사람이 얼마나 많은지 확인할 수 있는 추가적인 양적 연구와 질적 연구가 절실히 필요하다. 그러나 어떤 증오범죄는 극단주의가 아닐 수도 있지만, 어떤 증오범죄는 명확히 극단주의이며, 증오범죄는 극단주의 이데올로기에서 인정받을 만한 폭력적 해법의 한 형태이다.[37]

테러리즘

극단주의 운동은 규모가 작은 경우가 많다. 그래서 일부는 테러리즘이라는 비대칭 전술을 채택하는데, 상대적으로 약한 운동은 이 전술 덕분에 규모가 크고 강력한 외집단에 과도한 영향을 끼치게 된다. 20세기와 21세기에 기술이 급속하게 발전하면서 비용 효율성이 높은 대량 살상 능력과 소규모 집단이나 개인이 사회를 교란할 능력도 커졌다. 테러리즘의 위협과 빈도가 높아진 것이다.[38]

여기서 **테러리즘**의 정의는 "정치적 목표나 이데올로기적 목표를 선전하거나 정치적 메시지나 이데올로기적 메시지를 증폭하기 위해 비정부 개인이나 집단이 비전투원에게 저지르는 공공연한 폭력"이다.[39] 이와 비슷한 공공연한 폭력을 정부 행위자가 저지른다면 테러리즘이 아니라 **탄압**이라고 부를 것이다(다음 항 참조).

극단주의 집단에게 테러리즘은 다양한 목적이 있는데, 그것은 지지자와 동조자를 동원하고 적격 내집단과 외집단 사이에 갈등을 일으켜서 두 집단 모두 급진화하도록 조장하는 등의 것이다.

IS와 그 전신인 이라크 알카에다는 특히 테러리즘을 활용하여 분쟁 중인 모든 집단을 급진화하는 데 성공했다. 2006년 이라크 알카에다는 사마라에 있는 시아파 사원을 폭격함으로써 시아파와 수니파 이슬람교도들 사이에 종파 간 보복의 물결을 불러일으켰고 이로 인해 수천 명이 목숨을 잃었다. 이 공격으로 분쟁의 무대는 훨씬 넓게 펼쳐졌다. 더 많은 수니파 적격 내집단이 극단 내집단과 관계를 맺게 되고, 이라크의 시아파 국민과 정치인에게 존재하던 극단주의 기류도 고조되었기 때문이다.[40] 그 뒤를 이은 테러리스트 조직들은 이와 같은 성공을 재연하고자 기존의 사회적 균열선에 끊임없이 충돌했다.[41]

　　　　　　　　　　　　　극단주의

극단주의 테러리즘은 보통 외집단을 표적으로 삼지만, 부적격 내집단 성원이나 심지어 적격 내집단 성원을 표적으로 삼을 수도 있다. 눈여겨볼 만한 사례는 브레이비크의 2011년 노르웨이 테러이다. 이 자는 이슬람교도 외집단의 위협이라는 생각에 사로잡혀 그 메시지를 전달하고자 청년 여름 캠프에서 77명의 목숨을 앗아갔는데, 희생자 대부분은(그 자신의 내집단인) 노르웨이인이었다.[42] 테러리즘의 일차 목적은 이데올로기적 메시지를 퍼뜨리는 것이므로 희생자의 정체성은 가해자에게 이차적이거나 삼차적일 수 있다. 일부 이데올로기는 내집단 성원을 향한 폭력을 금하지만, 표적을 선정하는 전술은 꽤 유동적인 경향이 있다. 특히 배교자, 부역자, 반역자로 여겨지는 부적격 내집단 성원의 경우에 그러하다.

탄압

탄압은 대개 차별과 분리의 강화된 형태를 포함하는데, 인종적 노예제, 수용소, 그리고 외집단 성원의 권리를 대폭 축소하는 여러 조치가 그렇다. 또한, 탄압에는 거의 항상 외집단을 겨냥한 적대 행위를 명시적으로 위임하는 법률 체계가 포함된다. 그 예로는 스페인의 종교재판소, 제2차 세계 대전 동안 일본계 미국인을 가둔 포로수용소, IS의 야지디 소수 집단 노예화를 들 수 있고, 더 일반적으로는 인종, 종교, 성적 지향, 성적 정체성 같은 정체성 집단에 속하는 사람들의 투옥을 들 수 있다.

인류 역사에는 전쟁이 난무하며 그중 어떤 전쟁은 다른 전쟁보다 더 극단주의와 밀접히 관련되어 있다. 앞서 언급했듯, 분쟁과 전쟁이 곧 극단주의적이지는 않다. 그러나 (제1차 세계 대전과 제2차 세계 대전을 포함한) 수많은 전쟁과 폭동이 (1장에서 언급했듯이) 어떤 식으로든 극단주의적 활동과 운동에 긴밀히 결부돼 있다. 최근의 예를 들자면 9.11 테러 이후 여러 전쟁이 극단주의 격퇴가 목적이라고 공언하며 시작되었는데, 미국이 주도한 아프가니스탄 전쟁과 이라크 침공이 그렇다. 그러나 이러한 노력은 오히려 극단주의가 번성할 수 있는 환경을 조성했는데, 아프가니스탄과 이라크에서 일어난 지하디스트의 폭동, 말리, 나이지리아, 필리핀, 소말리아, 예멘에서 알카에다와 IS가 연루된 분쟁이 그렇다. 전쟁과 폭동은 극단주의가 깨끗한 승리를 거두지 못하더라도 극단주의 운동에 힘을 실어줄 수 있다.

1940년대 나치 문서에서는 '유대인 문제의 최종 해법'이라는 완곡한 표현이 나타나는데, 이는 집단학살이라는 불쾌한 개념을 관료적 용어로 서술한 것이다.[43] 이 최종 해법은 급진화 과정이 가장 완벽하게 실현될 경우의 결론에 해당한다. 어떤 외집단이 내집단에게 영원한 실존적 위협으로 규정된다면, 그리고 그 위협에 대한 해법이 폭력과 뗄 수 없다면, 극단주의 이데올로기는 계속 고조되어 종내에는 외집단의 완전하고 항구적인 섬멸만이 유일한 해법이 된다.

대다수 극단주의 집단에서 집단학살은 대개 머릿속에만 남아 있다. 가령 소설《터너의 일기》를 읽는 백인 민족주의 독자들은 집단학살은 장기 목표이고 자신이 직접 해야 할 행동은 그것에 점점 다가가는 것이라고 생각한다. 이러한 추종자들은 집단학살을 즉각 실행하기보다는 이론상으로 언젠가 집단학살의 환경을 조성할 인종 전쟁을 촉발하고자 한다.[44]

하지만 어떤 극단주의 운동은 전면적 집단학살을 즉시 실행하려 하고, 그중 몇몇은 성공하기도 한다. 1장에서 살펴본 바와 같이, 13세기 알비 십자군 전쟁에서 로마 가톨릭교회는 카타리파를 소탕하는 데 성공했다. 전 세계적인 일련의 집단학살은 아메리카 대륙, 호주, 코카서스, 태즈메이니아를 비롯한 여러 지역의 선주민을 거의 혹은 완전히 말살하고 말았다.[45] 그 밖의 집단학살들은 외집단이 몰살되기 전에 중단되었으나, 그래도 사상자는 수천 명에서 수백만 명을 헤아릴 정도이다. 나치는 유대인 600만 명을 학살했을 뿐 아니라 종족, 장애, 성적 정체성을 이유로 다른 민간인도 수백만 명이나 살해했다.[46]

집단학살은 극단주의로 급진화되는 길의 종착지이다. 이 책에서는 이런 과정을 내집단의 극단주의 지향이 고조되는 것으로 정의했는데, 이것은 외집단에 대해 점점 더 부정적인 견해나 외집단을 겨냥해 점점 더 적대적이거나 폭력적인 행동을 지지하는 형태로 나타난다. 그러나 모든 극단주의 운동이 이 길을 끝까지 걸어서 이런 최종 목적지에 닿지는 않는다. 집단과 개인이 급진화되는 과정이나 급진화되지 않는 과정을 이해한다면, 극단주의가 인류 역사에서 왜 그리도 지속적인 문제로 남아 있는지, 그리고 그것이 사회에 미치는 해악을 줄이기 위해 어떤 노력을 기울일 수 있는지 깨우칠 수 있다.

사례 연구: 《문가에 앉은 유령》

《문가에 앉은 유령》은 극단주의자가 위기와 해법을 연결하는 방식을 잘 보여주는 사례이다.[47] 이 책은 아프리카계 미국인 작가 샘 그린리Sam Greenlee가 1969년 발표한 흑인 민족주의 소설이다.[48] 퇴역군인이자 전직 정부 선전원이던 그린리의 이 소설은 미국 최초의 CIA 흑인 요원 댄 프리먼이 전문적 훈련을 받은 후 거리로 뛰쳐나가 흑인 혁명을 이끈다는 이야기이다.

CIA는 인종 통합정책을 소홀히 한다는 정치적 논란에 시달리는데, 프리먼은 이런 논란을 해소하고자 면피성으로 채용한 소수 집단 출신 요원이다. 그는 할 일도 거의 없는데 눈에 잘 띄는 자리에 앉혀졌다. 이 책의 제목은 (문가에 앉아서 눈에 잘 띄는) 그의 직무와 연관된 언어유희인데, '유령spook'이라는 중의적 단어는 어떤 맥락에서는 비밀 공작원을 뜻하는 속어이고 어떤 맥락에서는 [흑인을 가리키는] 인종적 멸칭이다.

이 책이 보여주는 디스토피아적 위기에서 백인 미국인은 흑인 미국인에 적대하는 정연한 대오를 갖추고 있다. 겉으로 협력하는 듯 보이더라도 사석에서는 인종주의 문제를 드러내기도

극단주의

하는 것이다.《문가에 앉은 유령》에서 위기는 과장되어 있으나
그렇게 크게 과장된 것은 아니다. 이 책이 나온 시대에 실제로
일어난 시민권 투쟁을 반영하기 때문이다. 하지만 백인 미국인
은 모두 흑인에게 참된 선의를 보일 수 없다는 단호한 주장 때
문에 이 책은 어떤 극단주의 세계관 내에 확고하게 자리 잡고
있다.

프리먼이 CIA에 취직한 것은 폭력적이고 은밀한 행동 전
술을 훈련받기 위해서이다. 그리고 자신의 지위를 이용해서 전
세계의 폭동을 연구하는데, 이 연구로 얻은 지식을 자신이 자란
시카고의 빈민촌에서 활용하려는 것이다. 프리먼은 흑인 폭동
의 씨를 뿌리고 이끌기 위하여 갱 단원을 모집하고 훈련하여 몇
몇 주요 도시에서 은밀한 세포조직으로 만든다. 전략의 핵심은
경제적 압력을 만들어내는 공격인데, 이런 경우에 의도하는 것
은 백인 정치인이 인종주의 정책 유지와 미국의 초강대국 지위
유지 중에서 하나를 선택하게 만드는 일이다.

폭도들은 작전 자금을 마련하기 위해 은행을 털고, 혁명에
대비한 탄약을 마련하기 위해 무기고를 턴다.(마틴 루터 킹의 암
살을 계기로 1968년 발생한) 시카고 폭동을 배경으로 하는 이 책
에서는 성공적으로 시작된 폭동을 따라가며 서술한다.《문가에
앉은 유령》에서는 폭력 행사를 필요하고 정당하고 불가피한 것
으로 전제하지만, 이는 도발하려는 의도이기도 하다. 이 책은 주
인공들의 혁명이 진행되는 도중에 끝난다. 그러나 이 책에서 공
언하는 목표는 백인이 지배하는 기존의 경제 및 정치 체제를 파

괴하는 것이다.

이 책은 혁명 전술을 상세히 서술하면서, 인종주의가 초래하는 위기의 해법으로서 호전적인 흑인 민족주의를 선전하고 이를 위해 허다한 구체적 방안을 제시한다. 프리먼이 자신이 모집한 갱 단원들에게 전술을 가르치는 것은 곧 독자들을 가르치는 것이다. 그린리는 2003년 인터뷰에서 이 책의 집필 의도는 "게릴라전 훈련 교범이다. 그래서 백인들이 그렇게 두려워한 것이다"라고 말한다.[49]

1973년 이 책은 논란 속에 영화로 각색되었다. 그로부터 대략 1년 후 백인 민족주의자 윌리엄 루터 피어스William Luther Pierce가 악명 높은 인종주의 디스토피아 소설《터너의 일기》를 쓰기 시작했다. 《터너의 일기》도《문가에 앉은 유령》과 비슷한 교육용 자료를 담고 있으며, 1995년 오클라호마시티 폭탄 테러에 영감을 주기도 했다. 《터너의 일기》는《시온 의정서》를 비롯한 여러 음모론에서 언급한 디스토피아적 위기의 윤곽을 그린다. 그리고 이 소설이 제안하는 해법에는 테러리즘이 포함되며, 백인 외 모든 인종에 대한 전 세계적 집단학살로 대단원을 장식한다.

인종 강박적인 피어스는 미국 영화관에서 급작스럽게 퇴출당한 그 영화〈문가에 앉은 유령〉(그린리는 이 조처를 FBI의 더러운 속임수 때문이라고 말했다)을 둘러싼 논란을 의식했을 수도 있다.[50] 하지만 피어스는 자신의 소설과 유사한 반정부 소설《존 프랭클린의 편지The John Franklin Letters》(1959년)에서도 영감을 받았다고 한다.[51] 이런 허구적 작품들은 극단주의 서사가 어떻게

                                              극단주의

위기-해법 구성체로 형성되어 잠재적 추종자들을 폭력에 동원하는지 여실히 들여다볼 수 있는 창문을 열어준다.

극단주의 방정식

이 책에서는 극단주의를 내집단의 성공이나 생존을 외집단을 겨냥한 적대 행위의 요구와 결코 분리할 수 없다는 신념으로 정의했다. 완성된 정체성 구성체가 위기-해법 구성체와 만나면, 이런 요소는 모두 앞뒤가 꼭 들어맞게 되고 내집단이 더 거세게 정당성을 요구할 잠재력을 만들어낸다. 이는 외집단에 대한 관점이 점점 더 부정적으로 되고 외집단을 겨냥한 의무적 적대 행위의 범위가 점점 더 가혹해지는 급진화 과정이다.

각각의 구성 요소는 내집단과 외집단 양측의 결속과 역사성에 대한 광범위한 증거의 일부인데, 이때 내집단은 긍정적으로 비추어지고 외집단은 부정적으로 비추어진다. 이러한 서사는 외집단을 이 세상에 존재하는 부정적 세력으로 이해하는 기초가 된다.

위기 서사에 여러 가지가 더해지면 외집단은 내집단의 정당성에 대한 본질적 위협이 되고, 이런 위협은 (예컨대 내집단의 순수함을 희석하는) 사소한 위협에서부터 (예컨대 종말론 시나리오와 관련된) 거대한 위협에까지 이른다. (외집단을 겨냥한 적대 행위의 형태로) 꼭 필요한 해법을 채택하면 극단주의 방정식은 완성된다.

EXTREMISM

개인이나 집단은 왜 극단주의를 받아들이는가? 수십 년간의 연구에서도 이 질문에 대한 결정적인 답을 얻지 못했다. 더 정확히 말하면 수십 년간의 연구에서는 제안된 여러 설명을 신중하게 배제해 왔다.

급진화의 동인에 관한 여러 가정이 논박되었지만, 정책 결정자와 정치인, 그리고 극단주의가 기승을 부리는 공동체의 최전선에서 그것과 싸우는 사람들까지 여전히 이런 가정들에 매달리고 있다.

가장 많이 되풀이되는 주장 중 하나는 극단주의가 빈곤, 높은 실업률, 교육 기회 결핍과 같이 개발과 관련된 구조적 요인에서 기인한다는 것이다. 일부 정책 결정자는 이런 주장에 직관적으로 끌린다. 그 이유는 그들이 구조적 문제를 해결하려 노심초사한 경험이 있기 때문이기도 하고, 이런 설명이 인간의 조건에 관련한 그들의 불안을 덜어주기 때문이기도 하다.[1]

그러나 구조적 요인의 역할은 여러 차례 기각되었다. 1986

년부터 2002년까지 이루어진 테러 공격들을 고찰한 어느 연구에 따르면 낮은 국내총생산과 테러 발생 사이에서 아무런 상관관계도 발견되지 않았는데, 이 연구 결과는 다양한 기준과 기간으로 이루어진 여러 연구에서 거듭 재현되었다.[2]

IS에 가담한 외국인 전사에 관한 데이터를 기초로 이루어진 2016년의 두 개의 연구는 이 집단의 성공에 관한 구조적 설명을 심각하게 약화한다. 첫 번째 연구에 따르면, 경제적으로 번영하고 평등한 나라의 국민일수록 그렇지 않은 나라의 국민보다 외국인 전사로서 시리아에 입국할 확률이 **높았고**, 실업률은 전반적인 외국인 전사 활동과 "상관관계가 높지 않았다."[3] 두 번째 연구 결과도 비슷했다. 구조적 요인과의 상관관계가 어떤 지역에서는 나타났지만 어떤 지역에서는 나타나지 않은 것이다. 모든 지역을 통틀어 보면, 개발과 관련된 구조적 요인을 극단주의의 동인으로 일반화하는 것은 데이터로 뒷받침될 수 없었다.[4]

교육의 경우에는 상관관계가 있기는 하지만 예상과는 다른 상관관계이다. 지하디스트 급진주의자 4천 명 이상을 대상으로 삼은 연구에 따르면, 그들의 평균 교육 수준은 일반 국민보다 훨씬 높았다.[5] 팔레스타인 테러리즘에 관한 연구에 따르면, 교육 수준이 높은 것과 경제적 성취가 높은 것은 모두 하마스와 팔레스타인 이슬람 지하드의 성원인 것과 양의 상관관계가 있었다.[6] 이러한 연구 결과들에도 불구하고, 폭력적 극단주의에 맞서기 위해 교육 기회를 줄여야 한다고 주장하는 사람은 없다.

낮은 교육이나 낮은 생활 수준과의 상관관계는 지극히 한

                                          극단주의

정된 사회적 맥락이나 제한적인 지리적 환경에서 들쑥날쑥하게 발견된다. 어느 대규모 연구에 따르면, 높은 실업률은 이슬람 세계 내부에서 유입되는 외국인 전사와는 상관관계가 있었으나, 비이슬람 국가 출신 외국인 전사와는 그와 반대되는 상관관계가 있었다. 여기에서 유념할 점은 "이슬람 세계"의 데이터 세트에는 파탄국가들이나 내전과 반란에 시달리는 국가들도 포함되어 있다는 사실이다. 복합적 변수가 적용되어야 하는 환경에서 단일쟁점의 인과관계를 주장하는 데는 분명한 위험이 따른다.[7]

일반적으로 말해, 구조적 원인과 관련한 특정 주장은 모두 표본 크기가 작을수록 나아 보인다. 예컨대 소규모 연구들에서 일부 도시나 국가의 경우 실업률은 상관관계가 있다. 특히 벨기에의 몰렌베크[이슬람 테러리스트가 다수 거주하는 지역][8]나 미국 미니애폴리스의 소말리아인 공동체처럼 시끄러운 동네 수준에서 그렇다. 그렇지만 실업 문제가 있는 동네라고 꼭 폭력적 극단주의자를 배출하기 쉬운 것은 아닐 수도 있다. 그냥 그런 동네가 배출하는 폭력적 극단주의자가 실업자인 것일 수도 있다.

전 세계에서 수십억 명이 개인 생활이나 공동체에서 부정의, 탄압, 차별, 가난, 실업, 범죄 등의 문제에 직면한다. 하지만 이런 문제에 직면한 사람 중에서 극단주의를 받아들이는 사람은 소수에 불과하다.

대중적이지만 해로운 또 다른 가정은 종교가 일반적으로

극단주의를 초래한다거나 하나의 특정 종교가 주로 극단주의를 초래한다는 가정이다. 이 책의 1장과 2장에서는 극단주의가 단순히 종교적 신념의 산물인 것도 아니고 어떤 하나의 종교에 국한되는 것도 아니라는 사실을 입증했다. 종교 극단주의자에게 종교가 특수한 내집단 정체성으로 중요하다면, 이와 마찬가지로 인종 극단주의자에게는 인종이 특수한 내집단 정체성으로 중요하다.

어떤 종교의 교리라도 급진화를 돕도록 왜곡될 수 있고, 어떤 이데올로기의 내용을 채우는 데 쓰일 수 있다. 심지어 그 교리의 핵심 부분이 폭력에 반대하더라도 말이다. 예수 그리스도가 제자들에게 한쪽 뺨을 맞으면 반대쪽 뺨을 내밀라고 가르친 일은 유명하지만, 기독교 극단주의자들은 역사에서 줄곧 번성해 왔다. (대중의 상상에서는 비폭력으로 널리 알려진) 불교도조차 극단주의에 연루된 적이 있다. 과거 역사에서는 16세기 몽골 지배자들이 불교를 국교로 삼도록 폭력적으로 강요했고,[9] 현대에는 스리랑카와 미얀마 사이에 분쟁이 벌어졌다.[10]

종교가 극단주의의 근인近因이 아니라고 해서 종교가 극단주의에 미치는 영향에 관한 연구가 쓸모없지는 않다. 종교 극단주의자에게 경전과 신앙은 내집단과 외집단의 정체성을 정의하는 데 쓰이는 정보의 출처이다. 극단주의적인 종교적 신앙을 세부적으로 이해하면 극단 내집단이 적격 내집단을 어떻게 모집하는지 이해하고 종교 극단주의 운동이 취할 수 있는 구체적 행동을 예측하는 데 쓸모 있을 수 있다. 그러나 극단주의를 종교

　　　　　　　　　　　　　　　　　　극단주의

적 신념에 귀착시키는 것은 역사상 가장 극적이고 파괴적인 일부 사례를 제외하거나 오해하게 된다.

이처럼 부정확한 여러 가정이 살아남는 것은 단순한 설명을 원하기 때문이다. 그러나 사람들이 왜 극단주의자가 되는지, 극단주의 폭력과 어떻게 싸워야 하는지 이해하려면 틀에 박힌 낡은 생각에서 벗어나 더 나은 생각을 찾아내야 한다.

개인과 집단

극단주의에 대한 논의는 때로는 개인 급진화와 집단 급진화의 차이를 대충 얼버무리고 넘어간다. 이 둘은 서로 밀접하지만 별개의 과정이다. (폭력적 극단주의자가 되는 0.01%의 사람 중에서도 0.0001%인) 완전히 독창적인 이데올로그는 예외이지만, 집단 급진화가 개인 급진화보다 먼저 일어난다.

개인의 극단주의적 행위를 어떤 기존 운동과의 명백한 연결에서 분리할 수 있는 것은 유나바머 같이 극히 드문 경우뿐이다. 이 경우에도 카진스키는 기존의 저작이나 사상에 의존했다. 물론 이것들을 꽤나 별나게 조합했지만 말이다. 카진스키는 다른 극단주의자들에게 영향을 끼치기도 했는데, 그중에는 자기의 선언문에서 유나바머 선언문을 표절한 노르웨이의 대량살인자 브레이비크도 있다.[11]

급진화는 거의 항상 특정 이데올로기를 채택하지만, 그 이데올로기의 내용보다 그것을 채택하는 과정이 우리에게 더 많

집단 급진화가
개인 급진화보다 먼저 일어난다.

은 것을 말해준다. 과정으로서의 급진화를 연구하면서 그 내용에 집착하면, 연구 결과는 종잡을 수 없이 엉망진창이 되어 분석 노력을 왜곡한다. 내용 중심 접근은 단일 시점時點의 단일 운동 맥락에서만 의미 있는 여러 이론이 경쟁하는 각축장을 만들어낸다. 가령 극단주의가 식민주의로 야기된다거나 종교적 근본주의로 야기된다는 주장이 그런 이론들이다.[12] 이런 이론은 (꽤 비슷한 운동이더라도) 다른 운동에 적용하면 흔히 실패로 돌아간다.

따라서 다음에서 논의하는 모델들은 매우 높은 추상 수준에서 제시되는 것이다. 그러나 그와 동시에 이 모델들이 서술하는 구체적 기준은 극단주의에 대응하는 특정 사례 및 전략에 적용할 수 있다.

여기에서 제시하는 집단 급진화의 틀은 백인 민족주의 운동인 기독교 정체성, 알카에다, IS가 생산한 선전과 이데올로기 텍스트에 관한 연구에서 도출한 것이다.[13] 그리고 개인 급진화의 틀은 백인 민족주의자와 지하디스트의 온라인 구성원 모집과 행동에 관한 연구에서 도출한 것이다.[14]

여기서 눈여겨봐야 할 것은 여기에서 극단주의 이데올로기의 개발과 활용은 추상화되었으나 그렇다고 전적으로 추상적이지는 않다는 점이다. 이데올로그와 극단주의 지도자 개인들은 여러 이유로 이런 틀을 활용하는데, 카리스마 같은 무형의 특질은 이들의 주장을 퍼트리는 데 일조할 수 있다.[15] 어떤 자들에게는 이런 일이 권력을 추구하는 이기적 활동일 수 있다. 예컨대 IS 내에서 어떤 지도자는 진정한 신념을 지녔으나 어떤 지도자는 그저 사회적 힘을 이용했을 따름이다.[16] 극단주의는 흔히 소수 집단이 벌이는 기획이지만, 그 지도자는 극단주의를 통해 권력을 얻을 수 있다고 믿는다.

빈 라덴은 부와 지위를 내던지고 숨어 살면서 가망 없는 지하드를 벌였다. 그가 권력 추구라는 진부한 동기에서 행동했다고 생각하기는 힘들다. 히틀러와 같은 다른 사람들에게는 어디까지 권력욕이고 어디서부터 나치의 이상에 대한 진정한 믿음인지 불분명하지만, 진실이 그 양극단의 중간 어디엔가 있다는 것은 거의 확실하다.[17] 이와 달리 11세기에 여러 로마 가톨릭 교황이 카타리파를 악마화하고 말살한 일은 신념의 요소도 어느 정도 작용했지만, 온전히 세속적이고 정치적인 여러 고려에서 비롯된 것이다.[18]

이데올로그나 신봉자가 되는 과정, 그리고 극단주의자 집단을 이끌거나 거기 합류하는 과정은 궁극적으로 개인의 여정이며, 이 여정의 형태는 거의 그 참여자만큼이나 다양하다. 그러나 십중팔구 그 여정은 사상과 텍스트로 이루어진 어떤 통일적인 사회적 틀에 속하며, 우리는 이런 틀을 이해하고 적용할 수 있다. 아렌트가 플라톤을 인용하여 말한 것처럼, 정치적 실체는 "참나무나 바위에서 튀어나오는 것이 아니지만" 그렇다고 "우리의 특수하고 개인적인 자아에서 튀어나오는 것도 아니다."[19]

     극단주의

앞선 장들에서 집단 급진화의 요소들로 정의한 여러 가정은 대략적 순서로 배치할 수 있다. 물론 모든 극단주의 운동이 똑같은 순서로 이 단계들을 거치지는 않을 것이다. 그러나 어떤 운동이 이 책의 정의에 따라 극단주의 운동으로 분류되려면 다음의 단계를 거쳐야 한다.

❶ **내집단을 정의하기**: 하나의 운동이 극단주의가 되려면 어떤 유형의 내집단이 정의되어 있어야 한다. 이 정의는 상세할 수도 있고 모호할 수도 있지만, 하나의 운동이 응집력을 가지려면 내집단은 일종의 집단 정체성을 가져야 한다.

❷ **어떤 외집단을 정의하기**: 극단주의자가 아닌 내집단 성원이라도 열성적이거나 독실하거나 애국적이거나 심지어 광적일 수 있다. 그러나 극단주의로 나아가려면 하나의 외집단이 명료하고도 어느 정도 세부적으로 정의되어야 한다. 일부 극단주의 운동의 경우에는 부적격 내집단이 진짜 외집단을 대신할 수 있다.

❸ **외집단의 존재를 내집단의 긴급한 위기로 정의하기**: 외집단에 대한 단순한 서술은 (아무리 적대적 서술이라도) 어떤 운동을 넘어 극단주의로 나아가기에는 모자란다. 외집단 정체성은 위기를 촉발하여 내집단의 번영에 본질적 장애나 위협이 된다고 여겨져야 한다. 이런 위기는 일시적이거나 조건적이 아니며 해결될 여지도 없다. 이런 위기는 외집단의 존재와 분리될 수 없다고 인

식되어야 한다.

❹ **외집단에 행사할 적대 행위(해법)를 정의하기**: 위기라는 것은 그 정의定義에 있어서 단호한 대응을 요구한다. 위기를 규정하고 나서 내집단이 외집단에 행사할 적대 행위의 노선을 결정해야 그 운동은 극단주의 스펙트럼에 자리 잡는다.

운동은 이런 네 가지 조건을 통해 극단주의 스펙트럼에 자리 잡는다. 일단 이 스펙트럼에 자리 잡고 나면 운동은 (외집단에 대해 점점 더 부정적인 견해를 가지거나 점점 더 적대적인 행위를 지지함으로써) 급진적으로 될 수도 있고, (외집단에 대한 견해를 누그러뜨리거나 가령 이데올로기에 있어 집단학살을 포기하고 분리를 채택하는 것처럼 적대 행위의 정도를 낮춤으로써) 완화moderate될 수도 있다. **moderate**라는 단어는 명사〔온건파〕로는 비극단주의 지향을 함축하지만 동사〔완화하다〕로는 덜 극단적인 지향으로의 이동을 가리킨다. 그래서 극단주의 집단은 "완화"되더라도 "온건파"가 되지는 않을 수 있다.

극단주의 운동은 이 네 가지 조건을 갖추고 나면 각각의 서술 범주를 여러 정보 출처와 연결하여 살을 붙여야 한다. 이런 정보 출처는 역사적 정보, 경전과 예언, 뉴스(진짜 뉴스와 가짜 뉴스), 분석, 음모론을 포함한다. 이렇게 세부 내용이 채워질수록 운동의 정체성 구성은 더욱 탄탄해진다. 외집단에 대해 부정적 정보가 많이 수집될수록 위기의 규모는 더 극단적으로 되고, 처방된 해결책은 더 폭력적으로 된다.

급진화 과정이 진행됨에 따라 정체성 구성체는 위기-해법 구성체와 짝을 이루어 극단주의적 가치 명제를 만들어낸다.

❶ 위기는 외집단에 의해 야기되며 적격 내집단에 피해를 준다.
❷ 적격 내집단이 이 위기를 해결하려면 반드시 외집단을 겨냥한 극단 내집단의 적대 행위에 동참해야 한다.

개인 급진화

극단주의자를 모집하는 관행에 관한 연구는 개인 급진화가 정치적 동원 과정과 유사하지만, 정체성과 위기-해법 구성체에 주안점을 둔다고 시사한다.[20] 급진화되는 개인은 보통 다음과 같은 단계들을 거치겠지만, 순서가 반드시 이렇지는 않다.

❶ **(적격) 내집단과 동일시:** 개인은 급진화에 앞서 흑인, 라틴계, 백인, 불교도, 기독교도, 유대인, 이슬람교도 등의 주류 정체성과 자신을 연결한다.
❷ **외집단에 대한 부정적 견해:** 개인은 단기적 분쟁이 아니라 자신의 내재적 정체성을 근거로 외집단(들)에 대한 부정적 견해를 발전시킨다. 이 단계는 위기를 인식하거나 극단주의 운동에 호기심을 가지는 것보다 먼저 일어날 수도 있고 나중에 일어날 수도 있다.
❸ **위기의 인식:** 개인은 적격 내집단에 위기가 닥치고 있다고 믿는

다. 위기를 인식하는 초기에는 그 위기를 외집단에 대한 부정적 견해와 연결할 수도 있고, 그렇지 않을 수도 있다.

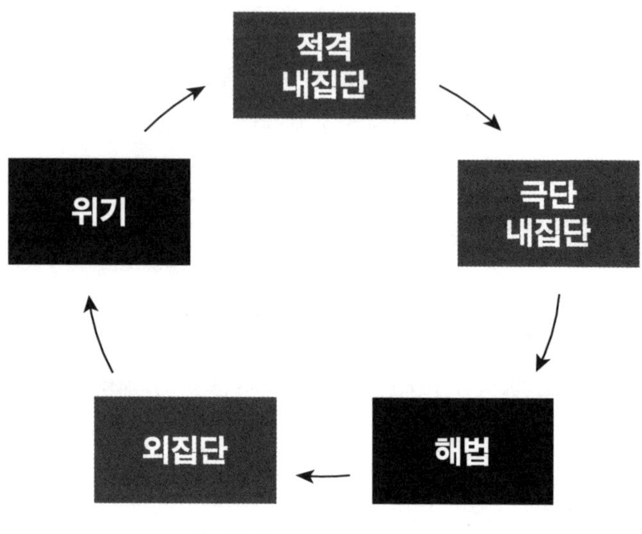

[그림 3] 극단주의 가치 명제

❹ 극단 내집단에 대한 호기심: 개인은 극단주의 운동의 존재를 알게 되며, 글을 읽거나 추종자와 직접 접촉하여 그 이데올로기에 대한 더 많은 정보를 찾는다. 개인은 외집단에 대한 부정적 견해나 위기에 대한 인식이 생기기 전에 이미 극단 내집단에 호기심을 가질 수도 있다.

❺ 극단 내집단의 고려: 개인은 극단주의 이데올로기와 그 추종자에 대해 알게 된 것을 되새기면서 거기에 더 참여하는 일의 장단점을 따진다. 이 시점에서 가장 중요한 질문은 그 개인이 극

극단주의

단 내집단이 적격 내집단의 위기를 해결하는 진정한 해법을 제공한다고 결론을 내리는가이다. 상당수가 처음 네 단계를 통과하지만 이 단계부터 현장에서 걸러지기 시작하므로 훨씬 적은 수만 각각의 후속 단계로 나아갈 것이다.

❻ **극단 내집단과 동일시**: 개인은 극단 내집단이 위기에 대한 해법을 제공한다는 데 동의하면서, 자신이 극단주의 이데올로기를 지지하거나 추종한다고 여기기 시작한다. 이때 극단 내집단의 다른 추종자와 직접적으로 접촉할 수도 있고 접촉하지 않을 수도 있다.

❼ **자기 평가**: 개인은 적격 내집단이나 극단 내집단을 지지하는 자신의 행동이 위기에 적절하게 대응하는 것인지 자문한다. 그렇다고 판단되면, 개인은 자신의 동일시를 현재 수준에서 유지할 것이다. 아니라고 판단되면, 개인은 극단주의 운동에의 참여를 더 강화하겠다고 결심할 수도 있다. 자기 평가는 주기적으로 반복되며 이를 통해 참여를 점점 더 강화할 수도 있다.

❽ **강화**: 자신이 위기에 적절하게 대응하지 않는다고 판단하는 개인은 극단 내집단을 위한 행동을 강화할 수도 있는데, 이로써 이 개인이 외집단을 겨냥한 (혐오범죄, 테러 공격, 해외의 전투 참여 같은) 적대 행위에 참여할 위험도 커진다.

❾ **행동 후 평가**: 개인은 자신의 참여 강화가 미친 영향을 자신과 집단이 얻은 유형과 무형의 혜택이라는 측면에서 평가할 것이다. 이 평가의 결과에 따라 개인은 참여를 더 강화하거나, 극단주의 이데올로기를 다시 생각하여 참여를 약화하거나, 현재의

수준에서 계속 참여할 것이다.

어떤 사람은 초기 단계들에서부터 행동을 결심하기까지 몇 년에 걸쳐 급진화 과정을 밟아가지만, 어떤 사람은 이 과정을 몇 달이나 심지어 몇 주 만에 빠르게 밟아간다. 어떤 사람은 특정 단계들을 건너뛸 것이다. 소위 외로운 늑대로 불리는 테러리스트는 일부 단계를 완전히 건너뛸 수도 있다. 그러나 이러한 급진화 과정에 깊이 관여하지 않은 채 외로운 늑대 식으로 공격하는 사람을 극단주의 추종자로 보아야 하는지, 아니면 병리적 대량살인자로 보아야 하는지 따져봐야 한다. 후자의 범주에 속하는 성원은 어떤 극단주의 운동에 의미 있게 참여하지 않으면서 그런 운동을 막연하게 들먹일 수도 있다.

불만

극단주의의 이데올로기적 서사와 급진화한 개인이 표명하는 신념 양쪽 모두를 관통하는 요소는 불만이다. 불만은 극단주의의 여러 논리와 합리화의 공통 요소이며, 그래서 어떤 급진화 모델들에서는 불만이 극단주의의 필수 요소로 채택된다고 본다.[21] 또 어떤 급진화 모델들에서는 극단주의자가 끌어들이는 (식민주의나 탄압같이) 정당한 특정 불만이 극단주의와 테러리즘의 근인이라고 주장한다.[22]

　　　　　　　　　　　　　극단주의

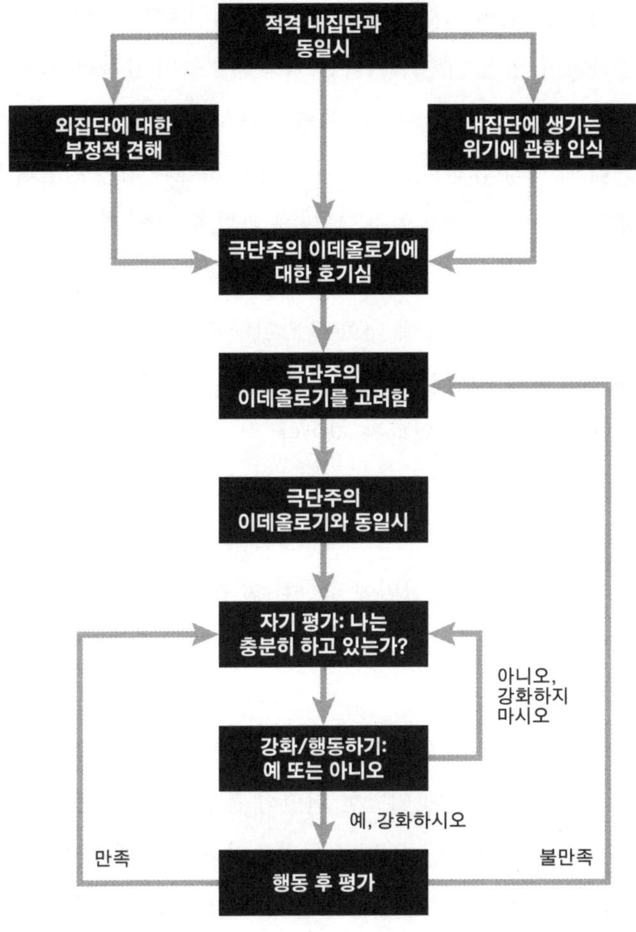

[그림 4] 개인 급진화 과정

하지만 이 장의 서두에서 언급한 것처럼, 불만이 (정당하든 정당하지 않든) 늘 극단주의로 이어지는 것은 아니다. 극단주의자는 다 불만이 있지만, 불만이 있는 사람이 다 극단주의자가 되지는 않는다. 불만이 극단주의 이데올로기에서 나타날 때는 흔히 일반화되며, 항상 어떤 위기라는 맥락에서 틀이 만들어진다(4장).

그래도 구체적 불만은 폭력을 행사하는 데 일조하는 것 같은데, 우리의 급진화 모델에서는 자기 평가와 행동 결심의 단계에서 그렇다. 대량살인자 115명에 관한 연구에 따르면, 폭력을 예측할 수 있는 유일하게 의미 있는 변수는 "불만이 있다는 것, 어떤 범주의 사람들에 대한 불만이나 어떤 사상, 운동, 종교에 대한 불만이 아니라, 구체적으로 어떤 한 사람이나 어떤 한 실체에 대한 불만이 있다는 것이다."[23] 여기에서는 불만을 "범죄자의 고뇌나 원한의 원인으로서, 불공정하거나 부적절하게 대우받아 왔다는 인식"으로 정의한다. 이 연구는 이데올로기적 살인이나 극단주의적 살인에 국한한 연구가 아니다. 물론 이런 살인의 경우에도 종종 개인이나 실체를 겨냥하는 구체적 불만이 작용하지만 말이다.

정체성과 위기-해법 구성체가 제시하는 폭넓은 틀은 개인의 불만을 정체성에 기반한 전면적 분쟁의 부분으로 맥락화할 수 있다. 이러한 역학은 많은 극단주의 폭력 사례에서 발견된다. 이를테면 오클라호마시티 폭탄 테러범인 티머시 맥베이Timothy McVeigh는 1980년대 후반 《터너의 일기》(4장 참조)를 접했고, 그 결과로 심각한 반정부 견해를 갖게 되었다. 하지만 그가 폭력으로 나아간 것은 어떤 구체적 사건 때문이었다. 그것은 텍사스주 웨이코에서 FBI의 사이비 종교단체 건물 급습이 실패로 돌아가 76명이 사망한 사건이었다.[24]

이와 마찬가지로 최근의 많은 지하디스트도 시리아 정권이 자국민에게 잔혹한 공격을 가한 데서 자극을 받아 움직였다. 이 지하디스트들은 소셜 미디어에서 무수하게 유포된 잔혹한 동영상을 통해 시리아 정권의 공격 중에서 구체적 세부사항을 집요하게 분석했다.[25]

불만을 정의하는 데 핵심적 생각은 불만이 "순간적 불쾌감 이상이고, 분노나 좌절을 폭발적이지만 일시적으로 표현하는 것 이상이며, 오히려 그 범죄자의 고통(혹은 그 범죄자가 염려하는 어떤 다른 사람의 고통)이 생긴 이유에 관해 도달한 어떤 결론"이라는 것이다. 불만은 "구체적인 것의 함수, 즉 고통의 원인으로 지목할 수 있으며 실체가 있고 확인 가능한 대상"이다.[26]

극단주의 이데올로기는 하나의 집단으로서 내집단의 정당성을 고취하기 위하여, 그 이데올로기 신봉자가 마음을 쓰는 사람들의 범위를 넓힌다. 그리고 이를 위해 어느 한 성원의 고통을 모든 성원의 고통의 일부로 맥락화해야 할 만큼 내집단 정체성이 굳건하고 중요하다고 단언한다. 부차적으로 극단주의 이데올로기는 내집단이 겪는 고통의 구체적 원인이 외집단이라고 주장하면서, 장황한 서술 과정을 통해 이런 주장을 눈에 보이도록 만든다. 마침내 극단주의 이데올로기와 선전은 그 구체성의 정도는 다양하지만, 폭력을 비롯한 적대 행위의 표적으로서 외집단을 지목하면서, 이러한 적대 행위가 내집단의 고통을 (궁극적으로) 덜어줄 것이라고 주장한다.

그 본질에 있어 극단주의 이데올로기는 불만을 어떤 의미 체계에 접합하여 그 안에서 보편적 불만인 동시에 개인적 불만이 되도록 만들며, 분쟁을 해결하기 위해 적대 행위가 필요하다고 역설한다. 그러면 이런 유독한 세계관을 적용하여 외집단과 관련된 특정 개인이나 실체를 겨냥한 적대 행위를 동원할 수 있다. 이런 측면에서 불만과 급진화는 아마도 선형적인 인과 관계보다는 서로 의존하거나 서로 조장하는 관계로 보아야 할 것이다. 이런 역학을 다루는 연구가 더 많이 진행된다면 틀림없이 유익한 통찰이 생길 것이다.

급진화는 왜 일어나는가

앞서 언급한 각 모델은 사람들과 집단들이 **어떻게** 극단주의로 강화되고 나아가 폭력적 극단주의로 강화될 수 있는지 보여주지만, **왜** 그런지를 선명하게 보여주지는 못한다. 이 장의 서두에서 제시한 것처럼 극단주의자가 되는 이유에 관해서는 상세하게 연구해왔지만, 이 중 많은 설명에 결점이 있다. 어떤 경우에는 급진화 이유를 제시하는 이론이 증거에 의해 곧바로 반증된다. 또 어떤 경우에는 해당 연구가 이데올로기, 시대, 지리에 있어서, 혹은 이 모두에 있어서 제한적일 때만 타당한 설명을 내놓는다.

우리는 대부분 어떤 한 인간이 어떻게 결정을 내리고 신념을 형성하는지를 설명하는 일이 얼마나 까다로운지 체감해왔다. 우리는 때로는 우리가 자신의 신념에 어떻게 이르렀는지도

　　　　　　　　　　　　　　　　　　　　　　극단주의

설명할 수 없기에, 다른 개인이나 집단의 행동과 신념에 관해 완전무결한 결론을 내릴 수 있으리라 기대해서는 안 된다.

물론 우리는 행동을 일관적으로 예측할 수는 없어도 경향성을 파악할 수는 있는데, 이런 경향성은 결과를 귀띔해주는 여러 사회적 요인과 심리적 요인을 반영한다. 그리고 우리는 이런 경향성을 설명하지 못하면서도 분명하게 확인할 수도 있다.

이런 주제는 너무도 복잡하므로 여기에서 포괄적으로 다룰 수는 없다. 그러나 급진화를 추동하는 두 가지 잠재적 동인은 연구에서 입증할 수 있고 여러 이데올로기의 경계를 넘어 적용될 수도 있다. 그것은 범주화 및 학습 편견의 효과와 기존 상황의 혼란 효과이다.

범주화 및 학습 편견

3장에서 이미 살펴보았듯, 한 개인이 어떤 집단 정체성을 채택할 때는 범주화가 일어난다. 여러 실험 및 조사 연구에서 밝혀진 바에 의하면, 그저 자신을 내집단의 일원으로 이해하는 일만 해도 외집단에 대한 차별이나 적대감을 보이는 경향과 상관관계를 보인다.

이것이 꼭 모든 맥락에 적용되는 것은 아니다. 예를 들면, 경쟁 상황에 놓인 집단은 협력 상황에 놓인 집단보다 외집단에 훨씬 더 부정적인 태도를 보였다. 그렇지만 중립적 맥락에 놓인 집단도 외집단에 부정적인 태도를 보였는데, 이것은 이런 태도를 보이는 경향이 (어느 정도는) 생래적임을 시사한다. 개인의 마음에 생래적이거나, 우리가 사회적으로 상호작용하는 여러 맥락이 낳는 필수 부산물로서 생래적이라는 것이다.[27]

　일부 주류 집단에서 나타나고 극단주의 집단에서는 꽤 뚜렷하게 나타나는 정체성 서사의 체계적 구성은 이러한 경향을 활용하여 외집단에 대한 선입견을 발전시킨다. 극단주의 이데올로기에서 제시하는 내집단과 외집단에 대한 상세한 서술로 각 집단의 전형이 만들어지고, 이것이 일반화되면 고정관념이 된다. 전형이 지니는 "태도, 신념, 가치, 행동"[28]과 같은 특질은 이 책에서 극단주의 이데올로기 텍스트에서 끌어내어 서술한 정체성 정의들과 긴밀한 관계가 있다. 사회심리학자 마이클 호그Michael A. Hogg는 이렇게 쓴다.

> **우리는 한 사람을 어떤 집단의 성원으로 범주화할 때 이 사람에게 그 집단의 전형적 속성들을 할당하고, 이러한 전형의 렌즈를 통해 이 사람을 바라본다. 유일무이한 개인이 아니라, 정도 차이는 있지만 전형적인 집단 성원으로 여기는 것이다. 몰개인화라고 부르는 과정이다.[29]**

부정적 데이터 축적은 학습 편견 탓에 더 강화된다. 사람들은 (외집단처럼) 만나는 것을 부정적으로 인식하면 더 이상 접촉하지 않으려는 경향이 있는데, 그래서 그런 부정적인 인식을 교정할 새로운 정보는 접할 기회가 사라진다.[30] 극단주의 운동의 경우에 내집단 성원더러 외집단과 접촉하지 말라고 촉구할 만큼

　　　　　　　　　　　　　　　　　　　　　극단주의

이데올로기가 급진화되면, 이처럼 교정 정보를 막는 장벽이 제도화된다.

기존 상황의 혼란

사람들을 극단주의로 쏠리게 만드는 두 번째 주요 요인은 불확실성이다. 사람들은 기존 상황을 선호하는 경향이 있다. 심리학자 존 T. 조스트John T. Jost와 로더릭 M. 크레이머Roderick M. Kramer는 이렇게 주장한다.

> 사람들은 집단과 개인에 대한 관념을 사용하여 현재 상황을 정당화하는 경향이 있으며, 따라서 기존의 사회적 질서를 공정하고 정당하다고 인식하고, 어쩌면 자연스럽고 불가피하다고까지 인식한다.[31]

기존 상황을 정당하고 공정하다고 여기는 인지 편향은 사람들에게 일반적이다.[32] 기존 상황을 선호하는 편향은 여러 이유로 생길 수 있는데, 가령 살아가면서 지금 경험하는 것을 합리화하려는 욕구, 기존 상황을 받아들이면 얻을 수 있는 (사회적 성공이나 경제적 성공과 같은) 체제상의 보상, 불확실성과 불안감의 경감 등이 그렇다. 여러 연구에서 제시한 바에 따르면, 기존 상황을 선호하는 경향은 외집단에 대한 편견까지 이겨낼 만큼 강한데, 심지어 기존 상황이 자신의 집단에 불이익을 주고 경쟁 집단에 혜택을 주더라도 그러하다.[33] 그러므로 안정적인 기존 상황은 급진화를 막는 방벽이다.

그러나 기존 상황이 전복되면 사람들은 불확실해진다. 자신의 안전, 생계, 세계와 사회에서 자신의 위치가 불확실해지는 것이다. 기존 상황은 경제적, 기술적, 정치적, 군사적, 사회적 변화를 비롯한 무수한 면에서 혼란에 빠질 수 있다. 가령 전쟁은 엄청난 불확실성을 초래하는데, 특히 예전의 친구와 이웃이 하루아침에 적이 될 수 있는 내전이 그렇다. 또한 전쟁은 사람들이 자기 내집단이 지배하는 곳을 벗어나 그들을 외집단으로 간주하는 어떤 다른 정체성 집단이 지배하는 곳으로 이주시키기도 한다.

통신 기술의 혁명은 집단 간의 사회적 접촉이 이루어질 새로운 기회를 만들거나 집단 간의 분쟁이 벌어질 새로운 무대를 만들어낸다. 이주의 흐름은 인종이나 종교같이 서로 중첩하는 기존의 여러 집단 정체성의 정의定義에 영향을 미침으로써, 민족 내집단의 인구 구성을 바꾼다(그리고 내집단의 정의마저 바꾼다).

불확실성은 개인 차원에서는 실직이나 사랑하는 사람의 죽음 같이 심각한 개인적 트라우마로 야기될 수도 있는데, 이는 수많은 외로운 늑대 유형의 극단주의자 및 그 외 유형 대량살인자의 일대기에서 잘 나타난다.[34] 또 다른 실마리는 종교적 테러리즘에서 찾을 수 있는데, 특히 종종 개종자가 불균형적으로 묘사되는 지하디즘이 그렇다. 어떤 경우에는 종교 극단주의를 취하는 사람이 자기 자신에 대해, 그리고 세상에서 자신의 위치에 대해 근본적인 질문을 던지면서 어떤 대안으로서 종교적 정체

     극단주의

성을 탐구하는 데 매료되기도 한다.[35]

　내집단 및 외집단의 경계와 정의를 침식하는 지각 변동이 일어날 수도 있다. 특히 사람들이 물리적으로나 경제적으로나 사회적으로 원래 장소에서 쫓겨났을 때 그렇다. 사람들은 기존 상황을 정당하게 여기는 경향이 있으므로, 대개 공정하고 옳다고 인식되는 규범을 전복하는 이와 같은 극적 변화는 부당하다고 인식할 것이다.[36]

　불확실성은 불편할 뿐만 아니라 해소될 때까지 불안감을 낳는다. 사람들은 대부분 불확실성을 건전하게 다루지만 상당수는 그렇지 않은데, 이들 간에는 통계적 차이가 분명하다. 클레어몬트 대학원의 사회심리학 프로그램 책임자이자, 불확실성과 극단주의의 관계를 설명하는 불확실성-정체성 이론의 창시자 호그에 따르면, 삶의 불확실성을 줄이는 방법은 많지만 제법 효과적인 한 가지 전략은 "변별적이고 정의가 명확한" 집단 정체성을 취하는 것이다.[37]

　불확실성 수준이 낮으면 자신이 해결할 수 있다고 판단하는 문제나 도전 앞에서 그런 것처럼 긍정적 흥분이나 생산적 행동을 고무할 수 있다. 그러나 (문제가 너무 심각하거나 자신에게 문제 처리에 필요한 자원이 없어서) 자신이 해결할 수 없다고 판단하는 문제나 위협 앞에서는 부정적 행동을 할 수 있다.[38]

　불확실성 이론의 틀은 경험적 토대가 강력할 뿐 아니라 이 장의 서두에서 강조했듯이 몇 가지 반증된 구조 관련 주장을 재고할 수 있다는 또 다른 이점이 있다. 예컨대 빈곤이나 실업은 테러리즘으로 연결되지 않을 수 있지만, 경제 상황을 갑작스레 혼란에 빠뜨리는 변화는 불확실성을 유발하여 내집단과 외집단 간의 긴장을 고조시킬 수 있다.

사람들은 인구 구성이 변하거나 신기술이 도입되면 불확실성을 경험할 수 있다. 나라에 힘이 없거나 반란, 내전은 높은 수준의 불확실성을 낳는데, 이런 것들은 내집단을 분열시키고 새로운 외집단을 만들어내며 종종 깔끔한 해결이 가능하지 않기 때문이다. 향후 이에 관한 역사적 연구를 진행한다면 이러한 문제를 해명하고 극단주의가 번성할 조건을 밝히는 데 도움이 될 것이다.

극단주의 이데올로기는 왜 효과가 있는가

3장과 4장에서 윤곽을 그린 극단주의의 요소들은 극단주의 이데올로기의 여러 텍스트를 면밀하게 연구한 결과이다. 이 요소들은 불확실성-정체성 이론에서 확인한 심리적 요구들과 서로 교차한다.

극단주의 이데올로기는 **실체성**이라는 특질을 부여함으로써 확실성 요구를 충족한다. 실체성은 "명확한 경계, 내부 동질성, 사회적 상호작용, 명확한 내부 구조, 공동 목표와 공동 운명에 기반한 어떤 집단의 속성"으로 정의된다.[39] 이러한 모든 특성은 집단이 진정하고 실재하는 집단이라고 느끼는 데 일조하며, 극단주의 이데올로기에서는 이러한 특성들을 대부분 대놓고 언

 극단주의

급한다. 극단주의 이데올로그들은 실체성을 함양하기 위해 다
음과 같은 수단을 사용한다.

- **명확한 경계와 내부 동질성**: 3장에서 언급했듯이 극단주의 이데
  올로기는 극도로 명확하고 엄격한 규칙을 제공하는데, 이런 규
  칙에 따라 누가 내집단에 속하고 누가 외집단에 속하는지, 그
  리고 어떠한 상황에서 적격 내집단 성원이 외집단을 겨냥한 임
  무를 과감히 수행하는지 정의된다. 이는 내집단과 외집단의 경
  계가 좀 더 교섭될 수 있고 덜 강조되는 비극단주의 정체성과
  대비된다.

- **공동 목표와 공동 운명**: 극단주의 이데올로기는 내집단과 외집
  단 양측의 과거, 현재, 미래의 관행을 정의하는 데 지대한 노력
  을 쏟는데, 전형적으로는 최후의 대결로 마무리되는 일관성 있
  는 서사에 노력을 쏟는다. 극단주의 집단은 미래에 대한 기대
  를 비극단주의 운동보다 더 구체적인 세부 사항들로 정의할 수
  있다. 또한 자신의 기대를 어떤 압축된 시간선에 투사하는 경
  향도 있는데, 이러한 시간선은 먼 훗날의 일보다는 임박한 일
  에 가깝다.[40] 실행은 극단주의 정체성을 정의하는 데 가장 중요
  한 요소일 것이다. 외집단 성원의 신념이나 특성 때문에 그들
  을 싫어하는 경우도 있겠지만, 외집단 성원의 행동에 근거하여
  위기의 틀을 만들고 행위를 동원하는 편이 훨씬 쉬운 것이다.

- **사회적 상호작용**: 극단주의 이데올로기는 사회적 상호작용을
  위한 규칙들의 밑그림을 그리는데, 여기에는 동료 내집단 성원

을 지지하고 보호해야 할 의무와 외집단과의 접촉을 통제하는 엄격한 규칙이 포함된다. 외집단과의 우호적 접촉은 대개 금지되고 적대적 접촉은 장려된다.

- **명확한 내부 구조**: 이는 집단별로 상당한 차이가 있다. 비국가 극단주의자는 (KKK단에서 모두 집중적으로 나타나는) 칭호, 복장, 입회식, 충성 맹세와 같은 의례화된 요소를 활용하는 데 반해, 국가에 기반한 극단주의자는 지극히 잘 정의된 사회 구조를 제공할 수 있다. IS가 정점에 올랐을 당시의 성공은 유사국가 구조가 지니는 힘을 보여준다. 그리고 IS 선전에서는 이라크와 시리아에서 초기국가로서 지녔던 실체적 특질을 꽤 강조했다.[41]

극단주의 이데올로기의 구조는 높은 수준의 실체성을 제시하는 내용으로 채워지도록 설계되었다. 또한, 극단주의 서사는 시간이 갈수록 점점 더 다양한 정보 출처를 활용하면서 점점 더 복잡해지는 경향이 있다. 내용이 많이 생산될수록 운동은 실체성을 축적한다.

위기-해법 구성체도 불확실성을 처리하는 것을 목표로 한다. 4장에서 논의한 바와 같이 극단주의 이데올로기에서는 내집단이 극적이고 결정적인 행동이 필요한 분수령에 이르렀다고 주장하는데, 이데올로기에서는 이런 행동도 분명하게 서술한다.

이에 더해 (음모론 서사, 디스토피아 서사, 종말론 서사와 같은) 가장 일반적인 극단주의 위기 서사도 불확실성에 대응한다. 4장에서 언급했듯이 음모론은 세상을 "이해하는" 강력한 도구이다. 음모론은 내집단을 괴롭히는 문제를 맥락화하려고 외집단이 일부러 저지르는 뻔한 행동이 문제의 원인이라고 주장한다. 이런 이론 자체는 복잡해도 결론은 단순하다. 내집단의 문제는 외집단의 행동 탓이다. 따라서 외집단에 맞서야 문제를 해결할 수 있다.

디스토피아 위기와 종말론 위기도 음모론 위기만큼 명료하고 적극적으로 설명한다.[42] 이에 따르면 위기가 너무 광범하고 극심하기에 극단적 해법이야말로 필연적으로 도출되는 결론이며, 따라서 깊이 숙고할 필요는 봉쇄되어 버린다. 디스토피아 위기와 종말론 위기의 본성은 "평화를 얻어내려는" 전략의 필요성을 최소화하는 것이다. 디스토피아에서는 부패한 체제를 무너뜨리는 것은 그 자체로 승리이다. 그런 체제를 대체하는 것은 어떤 것이라도 그 체제보다 나쁠 수 없기에 세부 사항 따위는 나중에 고민해도 좋다.

그러나 종말론 추종자와 천년왕국 추종자에게 해법은 더 간단할 수도 있다. 이들은 그저 가끔 모습을 보이면 되는 것이다. 추종자들은 신이 그 결말과 여파를 예정한 대격변에 참여하라고 명령을 받았다. 물론 어떤 종말론 집단의 지도자는 그래도 전략적 선택을 할 수도 있는데, 가령 IS는 자신이 부추겨 왔던 예언된 전투에서 2016년 퇴각한 것이다.[43] 하지만 대부분의 추종자 수준에서 일차적으로 요구되는 것은 참여이다.

인간은 복잡하며, 인간 행동에 대한 단일한 설명은 찾기 어렵다. 향후 추가적 연구가 이러한 질문을 명료하게 만들 수 있을 몇 가지 경로가 있기는 하다. 하지만 나는 정부 관계자나 학자들과 (특히 학자보다는 정부 관계자와 더 많이) "폭력적 극단주의의 근본 원인"에 관한, 증거가 박약한 견해들을 토론하며 아무 소득 없이 몇 년을 허비한 후, 불확실성이라는 틀이 제법 유망하다고 믿게 되었다.

불확실성은 극단주의가 발호하는 수많은 사회적 상황과 정치적 상황을 아우르는데, 여기에 포함된 몇 가지 시나리오는 정책 결정자들이 그릇된 설명을 받아들이도록 오도하기도 했다. 불확실성은 테러리즘과 극단주의를 받아들이는 개인, 특히 이른바 외로운 늑대의 행동을 설명하는 데도 도움이 되는데, 이들은 폭력에 참여하기 전에 종종 (실직이나 부모의 사망과 같이) 삶의 기존 상황이 붕괴되는 트라우마를 경험한다. 또 이런 가정을 뒷받침하는 경험적이고 실험적인 증거도 광범위하게 존재하며, 이에 더해 극단주의 텍스트에 관한 나의 연구 결과들은 불확실성-정체성 가정을 보완한다.

물론 연구가 더 많이 필요하다. 그렇지만 불확실성-정체성 이론과 이와 관련된 사회심리학 연구는 극단주의와 그 원인에 대하여 현존하는 어떤 대안보다도 잘 작동하고 근거가 탄탄한 설명을 제공한다.

 극단주의

EXTREMISM

극단주의는 기록된 역사 내내 인류를 주기적으로 괴롭혀 왔다. 그러나 극단주의가 늘 우리와 함께했다면, 극단주의를 저지하고 물리치는 세력도 그랬다. 이 싸움은 아마도 절대 끝나지 않을 테지만, 결코 무의미하지 않다. 우리는 극단주의의 새로운 물결을 마주할 때마다 다시 일어나 미래 세대를 위해 도전한다.

극단주의는 오랜 문제이면서 늘 새로운 문제이기도 하다. 극단주의 이데올로기는 앞선 이데올로기를 바탕으로 시대에 맞게 진화하기 때문이다. 인간 사회가 복잡해지고 상호 연결될수록 극단주의도 그렇게 된다. 극단주의는 사회적으로 전파되는 질병이다. 이데올로기는 어떤 사람이 다른 사람과 소통할 때 전파된다. 따라서 통신 기술이 변화하면 극단주의도 변화한다.

널리 인정되는 바대로 인쇄기의 발명은 서구 사회를 변혁했는데, 특히 종교개혁 사상 및 그와 연관된 종말론 신념을 확산한 면에서도 그러했다.[1] (라디오, 영화, 텔레비전 등의) 전자 통신의 출현도 이와 비슷한 변혁을 일으켰다.

극단주의는 오랜 문제이면서
늘 새로운 문제이기도 하다.

방송과 영화는 나치 정권처럼 그것을 활용할 만한 자원이 충분한 극단주의 운동에는 강력한 이점을 제공했다.[2] 그러나 대부분 극단주의 조직은 규모가 작고 재원도 궁핍하다. 더구나 과거에는 영화 및 동영상의 전문적 편집은 비용도 많이 들고 고도의 기술이 필요했다. 틈새 시청자를 넘어 방송을 송출하는 일은 더더욱 비용이 많이 드는 데다가 보통은 정부의 규제를 받았다.

이러한 요인은 대부분 극단주의 운동이 도달할 수 있는 자연적 한계로 작용했다. 극단주의 이데올로기가 대중에게 닿을 수 없다면 대중 운동이 될 수 없는 노릇이었다. 일부 운동은 이런 장애물을 그럭저럭 제거했으나 많은 경우에는 이런 매체의 한계로 인해 운동의 성장이 지체되었다.

소셜 미디어

21세기 초에 활기찬 소셜 미디어 플랫폼들이 등장했을 당시 미래학자들은 이들의 변혁적 힘에 대해 장황한 이야기를 쏟아냈다. 이를 주시하던 몇몇 사람은 나를 비롯하여 회의적인 입장이었다. 통신 기술의 변화는 혁명적이기보다 점증적일 것으로 믿었던 것이다. 우리가 틀렸다.[3]

소셜 미디어는 지극히 짧은 기간 동안 사회의 다양한 부문에서 극적 변화를 가져왔다. 극단주의자들이 소셜 미디어에 접근할 기회가 생기자 판도가 바뀌었다. 극단주의자 대부분은 비용이 많이 드는 방송 혁명에서는 배제되었지만, 소셜 미디어를 통해 비교적 저렴하게 대중에게 다가가는 플랫폼을 얻을 수 있었다. 소셜 미디어에서는 신속한 유포도 가능하고 사회 규범을 둘러싼 논란도 일으킬 수 있기 때문이다.

극단주의자들은 소셜 미디어에 작지만 때로는 중요한 교두보를 재빨리 구축했는데, 이러한 새로운 기술의 잠재력을 처음 깨달은 것은 IS였다. 소셜 미디어 플랫폼이 이에 대해 일관성 있게 대응하기도 전에, IS의 모집관들은 온라인에서 수천 명의 지지자를 모집하여 동시에 행동하도록 지도했다. 그리고 최근 들어 저렴해진 동영상 편집 및 출판 기술을 활용하여 자못 전문적인 선전물을 제작했다. 이 조직에서 널리 배포한 내용은 극도의 폭력을 천년왕국의 유토피아 환상과 참신하게 버무린 것이었다. 그 덕에 지하디스트 극단주의자 모집은 전례 없이 급증하였다.[4]

IS의 극단적 폭력이 언론의 머리기사를 장식하는 사이, 백인 민족주의자들도 이와 똑같이 여러 소셜 미디어 기법을 채택하고 개발하여 점차 지지자들을 확보했다. 이러한 노력은 IS가 부상하기 전에 시작되어 2010년대 후반에 꽃을 피웠고, 지금 이데올로기적 인종주의가 되살아나도록 기름을 끼얹었다.[5]

소셜 미디어 사용으로 많은 사람에게서 관용과 다양성이 커진다는 증거도 있지만,[6] 현 세대의 소셜 미디어 플랫폼이 제공하는 이점은 주류 운동보다 극단주의 운동에 특별히 힘을 실어준다.[7] 이 주제를 다루는 연구가 아직 진행 중인 데다 온라인 환경도 끊임없이 유동적이기는 하지만, 현재까지의 증거가 시

극단주의

사하는 바는 소셜 미디어가 다수 집단을 중도와 포용으로 이끌기도 하지만 중요한 소수 집단에 유리한 양극화 및 극단주의를 강화하고 가속하기도 한다는 것이다. 소셜 미디어가 극단주의 관점이 확산하는 데 일조하는 요인은 다음과 같다.

- **익명성**: 소셜 미디어는 극단주의 추종자가 서로 의견을 공유하고 구성원을 모집할 때 자신의 진짜 정체성이 노출될 위험을 덜어준다. 이들을 법률적 대응이나 사회적 대응으로부터 격리해주는 것이다.

- **발견**: 극단주의자 모집은 승률이 낮은 게임이다. 대다수 극단주의 운동은 작은 집단에 호소하는데, 폭력적 극단주의자가 호소할 수 있는 집단 규모는 그보다 더 작다. 극단주의자는 소셜 미디어 검색, 소셜 네트워크 분석, 알고리즘 추천을 이용하여 이런 소규모 집단을 효율적으로 찾아낸 후 호기심을 보이는 사람에게 극단주의 추종자나 모집자와 비교적 쉽게 접촉할 기회를 제공한다.

- **신체적 안전**: 소셜 미디어 등장 이전에는 호기심을 가진 사람이 폭력적 극단주의 운동을 접하는 가장 좋은 방법은 추종자를 몸소 만나는 것이었다. 하지만 그러려면 폭력 성향이 있는 자와 시간을 보내야 하므로 그 자체가 위험한 일이다. 오늘날에는 호기심을 느끼는 사람이 디지털 세계에서 아무런 신체적 위험 없이 폭력적 극단주의자와 소통하고, 현실에서 만나기 전에 신뢰와 편안한 관계를 형성할 수 있다.

사회심리학 연구에서 강조하는 바에 의하면, 불확실성의 감정은 극단주의를 더 쉽게 받아들이게 만들며, 이 책에서 논의한 극단주의의 특정 요소들, 즉 내집단 정체성, 외집단에 대한 적대감, (음모론과 같은) 위기-해법 서사에 힘을 실어준다.

그러므로 극단주의 운동이 전 세계에서 연달아 성공을 거두고 있으며, 정책 결정자들이 폭력적 극단주의를 우리 시대의 중대한 도전으로 인식한다는 것은 놀라운 일이 아니다. 불확실성은 극단주의와 마찬가지로 늘 우리 곁에 있지만, 오늘날에는 전 세계에서 특히 두드러진다. 다음과 같은 이유 때문이다.

- **정보의 속도**: 통신 기술 발전이 이어지면서 점점 더 많은 사람이 전 세계적 불안정에 관한 정보에 언제라도 실시간으로 접근할 수 있게 되었다. 전 세계적 불안정은 과거에도 없지 않았으나 일상생활에서 북소리처럼 울리는 서사였다고 할 수는 없다. 오늘날 전 세계적 불안정에 관한 정보는 사람들의 가정에, 그리고 사람들이 어디나 휴대하는 기기에 끊임없이 투영되므로 어떤 사람들은 불확실성을 더 강하게 느끼게 되었다.
- **정보의 양**: 이와 마찬가지로 이제는 일반인들도 인터넷이나 상시 접속 상태인 미디어를 통해 훨씬 더 많은 정보를 접할 수 있다. 그러나 (백신 접종부터 기후 변화에 이르기까지 온갖 사안을 둘러싼 논쟁에서 볼 수 있듯) 압도적 정보 흐름은 불확실성을 낳

을 수 있다. 급증하는 정보 출처들은 대중의 신뢰를 얻고자 서로 경쟁해야 하는데, 그래서 일반인들로서는 자신이 얻는 정보의 신뢰성을 평가하기 어려워지고 따라서 불확실성도 커진다. 이와 동시에 온라인에서 이용할 수 있는 방대한 정보 창고들은 호프스태터의 표현대로 "증거" 수집에 열을 올리는 극단주의 정체성 구성이나 음모론에 먹잇감을 던져준다.

- **정보의 질**: 조작된 정보나 잘못된 정보는 새로운 현상이 전혀 아니지만, 21세기 들어서는 돈벌이에 쓰이고 하나의 산업이 되었으며 무기로 악용되고 있다. "가짜 뉴스"나 음모론을 비롯한 여러 유형의 악성 정보는 이제 누군가에게는 수익을 올리는 수단이고, 누군가에게는 국가 지원을 받으며 영향력을 행사하는 도구이다. 악성 정보는 극단주의 서사를 형성하는 힘이 있는 데다가 그 양도 엄청나므로 이 세상에 대해 진실을 말해준다는 사람을 과연 믿을 수 있을지 불확실하게 만든다.

- **기술의 변형**: 이처럼 통신 기술의 영향으로 불안정성이 높아졌을 뿐만 아니라, 그 외의 기술 변화로 많은 사람이 경제적으로 유동적 상태에 처하게 되었다. 재래 산업이 붕괴하고 전문적 훈련이나 전문적 지식이 필요한 신산업으로 대체되었기 때문이다. 앞서 언급했듯이 실업이나 경제 문제가 꼭 극단주의와 상관관계가 있지는 않지만, 이런 영역에서 일어나는 갑작스럽고 당혹스러운 변화는 그런 상관관계가 있을 수도 있다. (핵무기와 같은) 또 다른 기술들로 인해 세계의 어느 지역이 불안정하게 되면 모든 지역에서 공포와 불확실성이 나타날 수 있다.

- **전 세계적인 이주와 인구 구성 변화**: 20세기에는 이주를 가로막고 서로 다른 정체성 집단 간의 혼인을 가로막던 사회적 장벽과 실질적 장벽이 무너져왔다. 저렴하고 신속한 교통, 그리고 법률 체계 및 시민권 구조의 변화 때문이다. 또한, 여러 분쟁 지대의 불안정성으로 인해 역사적으로 보아 거대한 난민의 홍수가 일어나기도 했다. 이 모든 요인은 전 세계의 종교적 인구 구성이나 인종적 인구 구성을 다시 만들고 있으며 이는 정체성과 관련한 불확실성을 초래할 수 있다. 이것은 난민과 이주가 현대의 우익 운동에서 주목하는 두드러진 사안인 데서 입증된다.

- **막강한 힘을 지닌 막강한 소수**: (소셜 미디어, 기술 변화, 저렴한 여행과 같은) 이 모든 요소는 비교적 소수인 집단이 세계 정치에 과도한 영향력을 지닐 수 있는 조건을 이룬다. 세계 정치를 혼란에 빠뜨리고 수십만 명의 목숨을 앗아간 IS는 세계 인구의 극소수에 불과하다. IS의 적격 내집단인 수니파 이슬람교도와 견주어 보더라도, 적극적 IS 지지자는 모집 가능한 인구집단의 1%도 되지 않는다. 막강한 힘을 지닌 막강한 소수는 테러 같은 전술로 사회적이고 정치적으로 커다란 불확실성을 유발하고는 이런 불확실성을 이데올로기로 해소하겠다고 제안한다. 테러는 가해자들이 속한 적격 내집단 안에서뿐만 아니라 그에 맞서는 외집단 운동에서도 극단주의를 부채질한다. 예를 들어 지하디스트와 우익 극단주의자는 공생하면서 서로 상대의 서사에 먹이를 줄 수 있다.[8]

극단주의

문명이 붕괴하지 않는 한 이런 모든 문제는 영영 사라지지 않을 공산이 크다. 언젠가 사회는 자신을 불안정하게 만드는 영향력을 상쇄할 힘을 얻겠지만, 그러려면 시간이 필요할 테고 이러한 적응 과정은 시작도 하지 않았다. 이 모든 요인 때문에 우리는 아마도 최소한 수십 년 동안은 극단주의 활동과 그와 연계된 폭력이 증가하는 것을 지켜볼 것이다.

극단주의에 대응하기

이러한 어려움에도 불구하고 우리는 그저 참는 것보다는 나은 행동을 하리라고 희망할 수 있다. 2001년 9월 11일 극단주의의 도전이 국제 정치의 전면에 등장함으로써 새로운 분쟁의 시대가 열리고 전 세계 국가들의 우선 과제가 새롭게 설정되었다. 정치인들은 테러리즘을 부추기는 "이데올로기를 타도하겠다"라는 공약을 끝없이 늘어놓기 시작했는데, 이제 이런 말은 테러 공격이 일어날 때마다 엄숙하게 되풀이되곤 한다.

　해법을 찾아내라는 정치적 압력이 강했지만, 정책 결정자들은 가뜩이나 과도한 군사 작전을 확대하기를 꺼려했다. 그래서 이것저것 써봐서 효과 있는 것을 알아낸다는 해묵은 전략을 구사했지만, 정작 효과가 있던 것을 알아보지도 못했다. 외교관들은 효과적이지 않다는 강력한 증거가 있는데도 개발 원조와 교육 프로그램 같이 자기가 좋아하는 프로젝트를 밀어붙였다.[9] 여러 메시지 선전 캠페인도 시작했으나 꽤 볼 만한 실패들 외에

눈에 띄는 성공은 거의 없었다.[10]

몇몇 유망한 프로그램이 여기에 간신히 끼어들었지만 그보다 못한 수많은 프로그램과 경쟁하고 있으며, 정책 결정자들은 좋은 프로그램과 나쁜 프로그램을 가릴 객관적 척도가 없다시피 하다. '폭력적 극단주의 대응Countering Violent Extremism, CVE' 혹은 '폭력적 극단주의 예방Preventing Violent Extremism, PVE'으로 불리는 이 분야가 침체하고 비효율적으로 되는 데는 여러 요인이 있다.[11] 무엇보다 중차대한 문제는 주요 용어에 대한 정의가 미비하고, 극단주의와 급진화에 대한 합의된 모델이 없으며, 극단주의를 여러 이데올로기를 넘나드는 현상으로 이해하는 관심이 부족하다는 것이다.

단순히 학문적으로 트집을 잡는 것이 아니다. 극단주의, 이데올로기, 급진화를 정의하지 못하는 정책 결정자들이 극단주의 이데올로기를 타도하고 급진화를 예방하겠다고 세운 계획에 수억 달러가 투입되었다. 실패할 수밖에 없는 처방이며 어마어마한 자원 낭비이다. 극단주의나 급진화를 정의할 수 없다면 무엇이 성공인지도 정의할 수 없다. 이 책에서 논의한 여러 정의와 틀이 이 논쟁을 종식할 리는 만무하다. 그러나 이런 정의와 틀은 이 분야에서 결핍된 주요 부분을 보완하고 구체적 문제에 관한 후속 연구를 독려하고자 고안되었고, 이를 위해 문제를 정의하고 정당성을 이해하며 급진화를 모델링하고 불확실성을 이해하고자 한다.

극단주의

2장에서 논의했듯, 극단주의는 현재 정책 결정자와 학자들 사이에서 다양한 방식으로 정의되고 있다. 이러한 정의는 대부분 이런저런 면에서 문제가 있는데, 특히 유의미하게 평가받을 만한 프로그램을 설계하는 데서 그러하다.

이 책에서는 **극단주의**를 내집단의 성공이나 생존이 외집단을 겨냥한 적대 행위의 요구와 결코 분리될 수 없다는 신념으로 정의했다. 이런 정의는 극단주의에 대응하려는 사람들에게 유용한 몇 가지 이점이 있다.

아마도 가장 중요한 것은 이 정의가 어느 한 유형의 이데올로기에만 해당하지 않는다는 점이다. '폭력적 극단주의 대응'의 노력은 지금까지 압도적으로 지하디즘에 집중되었다. 그렇지만 이 분야에서는 버지니아의 백인 민족주의자, 르완다에서 후투족이 벌인 집단학살, 미얀마의 국수주의 불교도 등 다른 극단주의 유형에도 이와 비슷한 계획이 필요하다는 인식이 확대되고 있다.

또 이 정의는 문제의 핵심에 초점을 맞춘다. 일부의 이른바 전문가들은 지하디스트 극단주의에 대응하려면 광범위한 이슬람 교리에 관심을 가져야 한다고 주장한다.[12] 하지만 외집단을 겨냥한 운동의 적대적 활동을 누그러뜨리는 데 정확하게 초점을 맞추지 않은 노력은 극단주의에 대응하지 못한다.

이데올로기라는 용어도 정의하기 어렵다. 이 용어는 너무 모호하게 사용되기 때문에, 해로운 관념이나 행동의 전조이자 근인이라는 거의 신비로운 특질들을 지니게 된다. 이 책에서는 극단주의 이데올로기를 외집단을 겨냥한 적대 행위를 조장하는 텍스트에 기초하여 연구함으로써 이 개념을 탈신비화하고 보다 구체적인 대응 메시지 선전 전략을 장려하고자 한다.

급진화된 개인이 꼭 극단주의 이데올로기에 정교하게 관심을 가지는 것은 아니다. 극단주의 이데올로기의 주장은 때로는 복잡하지만, 추종자는 자기에게 의미 있는 요소만 고른다. 그래서 어떤 사람은 그저 외집단에게 폭력적으로 행동할 욕구만 지닐 수도 있다.[13]

어떤 추종자는 이데올로기에 빠질 것이다. 또 어떤 추종자는 (세상의 모습에 대한, 내적 일관성을 갖춘 어떤 설명으로서) 이데올로기가 존재한다는 것을 아는 것으로 만족한다. 많은 극단주의자에게 이데올로기 자체보다 중요한 것은 메시지를 전하는 사람의 카리스마이거나 이미 존재하는 폭력 충동의 승인이다.

하지만 이데올로기는 궁극적으로 이러한 모든 역학의 지지대이다. 설령 이데올로기를 그저 참고로만 삼더라고 해도 그렇다. 극단주의 선전 메시지(또는 이에 대응하는 주류의 서사)의 정확한 내용보다 중요한 것은 이를 뒷받침하는 주장이 언제나 손닿는 데 있음을 그저 아는 것일지도 모른다.

정당성의 이해

9.11 테러 이후로 서방 정부들이 내놓은 핵심 메시지는 알카에

　　　　　　　　　　　　　　　　　　극단주의

다와 ISIS와 같은 집단은 종교적 의미에서 정당하지 않다는 것이었다.[14] 조지 부시 대통령이 알카에다를 "비정상적인perverted" 이슬람이라고 칭한 것은 유명하다. 버락 오바마 행정부는 (이라크 레반트 이슬람 국가Islamic State of Iraq and the Levant를 가리킬 때) ISIL이라는 약자나 심지어 다에시Daesh라는 아랍어 약자를 고집했다. 관료들은 이 집단이 자신을 칭하는 '이슬람 국가Islamic State'라는 명칭이 이 집단과 이슬람의 관계를 정당화해 줄 수 있다고 느낀 것이다. 오바마 대통령은 2016년에 이 문제를 좀 더 직설적으로 언급했다.

> ISIL과 같은 집단은 정당성을 간절히 원합니다. 저 자들은 자신을 이슬람을 대변하는 종교 지도자이자 성스러운 전사로 묘사하고 싶어 합니다. 저는 저 자들에게 정당성을 부여하기를 거부합니다. 우리는 절대로 저 자들에게 그러한 정당성을 부여해서는 안 됩니다.[15]

이런 수사에서 몇몇 요소는 긍정적이었다. 우선 부시 행정부와 오바마 행정부는 모두 그저 이슬람교도에게 말하는 것만이 아니고(또 일차적으로 이슬람교도에게 말하는 것도 아니고), 테러 활동의 이유에 대해 혼란스러워하는 비이슬람 미국인에게도 말하는 것이다. 테러집단과 표준적인 이슬람 관행 간의 관계를 부인하는 것은 폭넓은 대중에게 중요하고도 훌륭한 일이다.

하지만 이러한 태도는 그와는 완전히 다른 영역인 '폭력적 극단주의 대응' 계획에까지 흘러 들어갔다. 정부 관계자와 비정부 활동가는 많은 정책과 문서에서 종교계 인사, 과거에 극단주의자였던 사람을 활용하거나 다양한 전술을 사용하여 폭력적 극단주의의 정당성을 박탈하려는 목표에 대해 논의한다.[16]

이런 접근 방식을 택하는 것도 이해할 만하지만, 이 책에서 논의한 이론 틀이 시사하는 바는 극단주의 집단의 정당성에 대한 공격은 수포로 돌아갈 공산이 크다는 것이다. 정당성은 극단 내집단의 정체성 구성에서 가장 핵심적인 요소이기 때문이다. 그것은 극단주의 집단이 보유한 자산 중에서도 가장 잘 개발되고 가장 보호받는 자산이기 때문이다. 이 책에서 극단주의를 내집단의 번성, 성공, 생존으로 정의한 것에 기초하여 정당성을 이해할 수 있다. 외집단을 겨냥한 적대 행위는 내집단의 번성과 정당성을 보장하기 위한 것이므로, 극단주의의 정당성을 직접 공격하면 극단주의의 정당성을 보호하기 위해 극단적 조치가 필요하다는 생각을 강화할 수 있다.

그보다 더 나쁘게는, 극단주의의 정당성에 대한 공격은 이데올로그들이 정교한 반대 논리를 짜내도록 자극하여 그 운동을 훨씬 더 급진적으로 만들 수도 있다. 영국 이스라엘주의가 급진화되었을 때 적격 내집단 성원들(이런 이데올로기 개발을 비난하는 전통적 기독교인들)이 공격하기 시작하자 정말 그런 일이 일어났다. 영국 이스라엘주의 저술가들이 이러한 비판에 반응한 방식은 그 신념을 옹호하기 위해 훨씬 더 정교한 주장을 거듭 개발하는 것이었다. 그러자 이런 새로운 정당화는 더 극단적

   극단주의

인 신념을 부추기는 후속 이론들의 기초가 되었다.[17]

지하디스트 운동도 이와 비슷하게 전개되었는데, 이 운동은 주류 이슬람 학자들과 경쟁하면서 극단주의 논리의 복합성을 강화하고 확장한 것이다. 알카에다가 IS로 더 급진적으로 된 데는 어느 정도는 앞선 지하디스트 전략 전술에 대한 안팎의 비판도 영향을 끼쳤다.[18]

이처럼 정당성을 직격하는 일은 현명하지 못할 테지만, 그렇다고 극단주의 집단이 정당하고 권리가 있다는 감각을 가지도록 **부추기는 일도** 명백하고 중대한 오류이다. 예를 들어, 표준적인 이슬람 관행을 IS의 관행과 뒤섞는 서구 정치인들은 실로 IS가 정당한 이슬람 정체성의 어떤 형태라고 믿는다는 뚜렷한 메시지를 보내는 것이다. 이러한 수사는 극단주의가 아닌 내집단의 정당성이 진정한 시험대에 오르게 하며 더 많은 사람이 극단주의 논리를 더 설득력 있다고 여기게 만들 수도 있다.

조직적 인종주의나 인종 불평등을 극도로 발전한 신나치 이데올로기와 뒤섞을 때도 이와 비슷한 문제가 생긴다. 두 가지는 서로 관련이 있되 별개의 문제이며, 이를 뒤섞으면 의도치 않은 결과를 빚을 수 있다. 극단주의 집단이 일반적으로 자신의 주장을 뒷받침하는 정보 출처를 모조리 흡수한다는 점을 고려하면, 이들에게 어떤 형태의 정당성이라도 인정하는 메시지를 보내는 일은 극히 위험할뿐더러 역효과를 낳을 수도 있다.

급진화를 정의하는 문제 너머에는 급진화 과정이라는 문제가 있다. 여기에서도 합의가 거의 이루어지지 않은 상황이다. 경쟁하는 모델은 많은데, 이들은 때로는 서로 다른 용어들을 사용한다. 어떤 모델은 너무 구체적이고 하나의 극단주의 유형에 맞춰져 있는 반면에, 어떤 모델은 너무 모호해서 실제로 적용하기 어렵다. 어떤 학자들은 급진화가 확인 가능한 별개 현상으로 존재한다는 것 자체에도 이의를 제기한다.[19]

그래도 실제로 사람들은 극단주의 관점을 채택하기도 하며, 여기에 어떤 식으로든 대응하려면 이 과정에 관해 이야기할 방법이 필요하다. 5장에서 서술한 모델들은 여기에 개입할 기회를 찾아내기 위하여 극단주의 활동에 대한 관찰들에 기반하여 이 과정을 서술하려는 시도이다.

집단 급진화 모델은 이데올로기적 전제들을 약화시키는 서사적 대응 메시지를 위한 기회를 추가로 제공한다. 이 과정에서 가장 취약한 부분은 위기와 관련한 극단주의의 주장들이다. 외집단의 본질적 정체성이 내집단을 괴롭히는 위기와 연결되어 있다는 것, 극단주의적 내집단이 위기의 해법과 연결되어 있다는 것, 그리고 애초에 위기가 존재한다는 것 자체가 그런 주장들이다. 극단주의 이데올로기가 내세우는 여타의 개념적 연결을 깎아내리는 것도 중요하지만, 위기의 틀을 짜맞추는 일이야말로 사람들을 폭력에 동원하는 데 가장 결정적이며 적격 내집단의 정당성을 반박하기 가장 어렵게 만든다.

개인 급진화 모델도 실행 가능한 몇 가지 개입 기회를 제공한다. 개인 급진화의 시작은 외집단에 관한 부정적 묘사와 위기의 틀을 조건부로라도 어느 정도 수용하는 것이지만, 개인 급진화 과정에서 가장 결정적 단계는 극단주의 이데올로기를 고려하는 것이다. 이 단계는 극단주의 사고방식이 생기는 데 결정적이다. 그리고 아마 더 중요한 점은 이것이 한 개인이 극단주의 추종자 및 모집자와 사회적으로 접촉할 가능성이 가장 큰 단계라는 것이다. 급진화 과정의 초반에 개입하면 가뜩이나 위태로운 사람이 극단주의에 더 참여하도록 밀어붙여 역효과를 낼 위험이 있고, 이 과정의 후반에 개입하면 벌써 자리 잡은 생각을 몰아내는 일이 훨씬 힘들어진다.

불확실성의 이해

앞서 언급했듯, 정치인과 정책 결정자는 테러의 이른바 근본 원인을 해결하려는 프로그램에 끌리는 경우가 많다. 그러나 이런 프로그램은 전형적으로 빈곤, 교육 부족, 비민주적 통치 등등 극단주의와 관련해 더는 받아들여지지 않는 설명에 초점을 맞춘다.

하지만 구조적 요인이 극단주의의 근인은 아니더라도 이러한 사회적이고 정치적인 버팀목에 있어서 불확실성을 낳는 극적인 변화는 극단주의 확장과 유관하리라고 생각할 이유는 충분하다. 이런 가정에 대한 실험적 증거는 상당히 설득력이 있다. 후속 연구들에서는 주요한 극단주의 운동들의 태동을 역사적 맥락에서 살펴서 이런 일이 현실 세계에서 어떻게 작동하는 지 규명할 필요가 있다.

연구가 더 진전된다면, 특정 지역에서 커다란 불확실성을 초래하기 쉬운 상황을 감시하고 더 나아가 가능하다면 개입함으로써 극단주의를 예방할 실용적 정책을 세울 수 있을 것이다. 이를테면 지역 경제가 갑자기 붕괴하는(혹은 물가가 급등하는) 경우에 이런 변화가 어떻게 진행되는지 예의 주시하면서 불확실성을 줄이는 조치를 검토하는 일은 유용할 것이다.

이와 마찬가지로 불확실성이라는 틀은 9.11 테러 이후 시도한 특정 전략에 이의를 제기한다. 가령 억압을 비롯한 여러 문제에 시달리면서도 현재로서는 안정적인 국가에서 정권 교체를 부추기는 전략이 그렇다. 이라크에서 펼친 그러한 전략은 주로 IS에게 혜택을 주었는데, IS는 첫 번째 이라크 침공과 그 후유증에 대한 관리 부실로 생긴 불확실성을 악용했다.[20]

물론 극단주의가 이 세상에서 유일한 문제는 아니다. 정책을 결정할 때 따져 보아야 할 실용주의적이고 이상주의적인 문제도 많다. 극단주의/불확실성 틀에만 근거하여 결정을 내리기에는 또 다른 도덕적 차원들도 있다. 비교적 안정된 상황에서 빈곤이나 부정의에 시달리는 사람들의 고통은 불확실한 상황의 사람들과 같은 정도일 수도 있고 그보다 더 클 수도 있다. 그러나 고통받는 사람들을 도우려고 설계한 선의의 정책과 극단주의를 퇴치하기 위한 정책을 뒤섞어서는 안 된다. 이 둘은 별개의 추구이며 별도로 추구해야 한다.

인류 역사에서 극단주의가 집요하게 살아남았다는 것은 좌절감을 일으킨다. 우리가 그토록 커다란 희생이 따르는 파괴의 순환을 반복할 운명임은 받아들이기 힘들다. 그래도 이런 모든 일에도 불구하고 인류는 진보한다. 스티븐 핑커Steven Pinker는 《우리 본성의 선한 천사: 인간은 폭력성과 어떻게 싸워 왔는가》라는 책에서 역사의 흐름에 따라 인간의 모든 활동 중에서 폭력이 차지하는 비율이 감소해왔고, 건강, 행복, 번영의 기준이 향상되었다고 판단할 이유가 있다고 주장한다.[21] 어떤 사람들은 핑커의 주장을 모두 문제 삼지만, 많은 사람(아마 대부분 사람)은 진보가 원호를 그리며 역사를 가로지르는 것을 본다. 때로는 괴로울 만큼 더디게 진행되기도 하고, 우리는 이 보 전진하고는 자주 일 보 후퇴하곤 한다. 하지만 그래도 진보하는 것이다.

사회적 진보를 낳는 것은 분명 극단주의와 포용 사이의 바로 그 긴장이다. 미국의 노예제가 종식된 것도 바로 그런 다툼을 거쳤다.[22]

인류는 그런 길고 긴 원호 위에서 전진할 테지만, 진보를 자명하게 받아들일 수는 없다. 종교재판, 아메리카 대륙 정복, 아프리카 노예무역, 제2차 세계 대전, 이라크와 시리아에서의 긴 분쟁이 벌어지는 동안에는 기세등등한 극단주의가 되풀이하여 참을 수 없는 잔혹 행위들을 낳았다.

극단주의자는 이데올로기를 퍼뜨리기 위해 새로운 기술을

받아들이거나 내집단 정체성과 외집단 정체성을 재정립함으로써 끊임없이 시대에 맞게 진화한다. 이런 극단주의에 대응하려면 우리의 노력도 진화해야 한다.

제도 변화는 비교적 느리게 일어나므로 극단주의 운동의 등장과 성공적 대응 사이의 간극은 실로 불가피하다. 주류 제도는 일차적으로 안정성을 제공하므로 불확실성을 줄이지만(따라서 극단주의를 억누르지만), 이러한 균형은 변화가 필요할 때 관성을 발생시킬 수 있다.

그럼에도 우리는 더 잘해낼 수 있다. 극단주의자에게 힘을 실어주는 새로운 통신 기술은 극단주의자의 도래를 탐지하고 극단주의자의 심각성을 진단하는 데 사용할 수도 있다. 대다수 분석가가 극단주의자의 위협이 변화하고 있음을 인정하기도 전에, IS의 출현과 백인 민족주의의 부활은 이미 온라인에서 분명히 드러났다.[23] 온라인 소셜 네트워크에 대한 우리의 이해가 깊어질수록 극단주의 운동의 성장과 급진화에 대한 결정적인 조기 경보를 얻을 수 있을 것이다.

마침내 우리는 극단주의 문제를 독자적으로 연구하거나 여러 이데올로기 간의 경계를 가로질러 연구할 가치가 있는 분야로 다루기 시작한다. 9.11 테러 이후 테러리즘을 연구하려던 사람들은 이 연구 분야가 잘 정의되지 않았다는 것을 알게 되었다. 이 연구 분야는 복잡하고 다학제적인 수많은 문제를 망라한다. 이처럼 한때 흔들리던 테러리즘 연구 분야는 그 후 여러 해 동안 숙련된 전문가들의 수많은 연구 덕분에 서서히 단단해졌

다.[24]

극단주의라는 분야는 테러리즘 분야에 가려져 있지만, 독립적인 학문 주제로서 마땅히 더 많은 관심과 주목을 받아야 한다. 극단주의는 사회심리학 분야에 포함되는 것이 가장 확실할 테지만, 역사학, 정치학, 경제학, 종교, 개인심리학 등을 망라하는 다학제 접근도 필요하다. 아마도 가장 중요한 것이겠지만, 여러 이데올로기의 비교연구를 포함하는 접근법이 극단주의 연구에 포섭되어야 한다. 부상하고 고조되는 각각의 운동에 초점을 맞추는 것도 필요하지만, 여러 이데올로기를 가로지르는 연구야말로 단일 렌즈를 통해 문제를 바라볼 때는 잘 보이지 않는 통찰을 제공한다. 우리는 다양한 극단주의 운동을 연구할 때 그런 운동들이 공유하는 중요한 원리들을 확인해야 피상적인 것들을 벗겨낼 수 있다.

지하디즘이나 백인 민족주의와 같은 특정 이데올로기를 철저히 분석하는 것은 여전히 매우 중요하다. 그러나 극단주의 신념은 그 본성상 범주화하기 어렵다는 점을 인정해야 그것과 가장 효율적으로 싸울 수 있고 예상치 못한 새로운 운동이 출현해도 신속히 대응할 수 있다. 우리는 극단주의를 현실 세계에 존재하는 그대로 이해해야 한다. 즉, 여러 집단을 가로질러 나타나는, 인간 사회의 영속적 부분으로 이해해야 한다.

관행
practices

어느 정체성 집단의 성원들이 하는 행동과 그들에게 기대되는 행동 방식.

괴롭힘
harassment

내집단 눈앞에서 의도적으로 외집단을 달갑지 않은 존재로 만드는 것.

극단 내집단
extremist in-group

극단주의 운동이나 조직으로 이루어진 정체성 집합체로서, 대체로 정식 성원과 적극 지지자를 모두 포함한다.

극단주의
extremism

내집단의 성공이나 생존이 외집단을 겨냥한 적대 행위의 요구와 결코 분리될 수 없다는 믿음.

극단주의 이데올로기
extremist ideology

누가 내집단의 일부이고 누가 외집단의 일부이며 내집단이 외집단과 어떻게 상호작용해야 하는지를 서술하는, 보통은 서사 형식의 텍스트 모음.

극단주의로의 급진화
radicalization into extremism

내집단의 극단주의 지향이 고조되는 것으로서, 외집단에 대한 부정적 견해의 증가나 외집단을 겨냥한 적대 행위나 폭력 행위 증가를 지지하는 형태로 나타난다.

내집단
in-group

한 사람이 소속된 집단으로서, 종교, 인종, 국적과 같은 공통의 정체성을 중심으로 조직된다.

디스토피아 믿음
dystopian belief

사회가 내집단에 불리한 방향으로 나아가도록 하는 데 외집단이 성공했다는 믿음.

배교
apostasy

다른 점에서는 적격인 사람이라도 그 믿음이나 관행이 매우 그릇되었다면 내집단 성원권에서 실격당할 수 있다는 믿음. 극단주의자는 흔히 이 용어와 이단을 서로 바꿔 써도 좋은 것으로 본다.

범주화 categorization	자신을 어떤 내집단의 성원으로 이해하고, 다른 사람들이 자기 내집단의 일부인지, 아니면 어떤 외집단의 일부인지 규정하는 행위.
부적격 내집단 ineligible in-group	극단주의 운동이 보기에 내집단으로부터 추방될 위험이 있는 내집단 성원.
분리 segregation	내집단을 외집단으로부터 물리적으로 갈라놓는 것.
불순함 impurity	내집단의 신념, 관행, 특성의 타락. 때로는 외집단의 신념, 관행, 특성이 침투한다는 것을 포함한다.
사회적 동일시 social identification	한 개인이 자신을 어떤 내집단의 일부로 이해하는 자기 범주화 행위.
순수함 purity	어느 내집단이 이데올로기가 서술하는 원형적 내집단 정체성에 얼마나 부합하는가의 척도.
승리주의 triumphalism	외집단을 겨냥한 적대 행위를 고조해야 내집단의 성공을 지킬 수 있다는 믿음.
신념 beliefs	집단이 공유하는 신조로서, 그중 가장 중요한 것은 집단의 가치들이지만 우주론이나 형이상학과 같은 부차적 요소도 포함한다.
실존적 위협 existential threat	외집단이 내집단의 생존을 위협한다는 믿음.
외집단 out-group	특정 내집단에서 배제된 사람들의 집단.
위기 crisis	내집단의 적극적 대응을 요구하는 중심 사건.

위기-해법 구성체 crisis-solution construct	내집단의 위기는 외집단 탓이며, 내집단은 외집단을 겨냥한 적대 행위로 위기를 해결할 수 있다는 주장.
음모론 믿음 conspiracy belief	외집단이 내집단에서 일어나는 일들을 통제하려 은밀하게 행동한다는 믿음.
이단 heresy	다른 점에서는 적격인 사람이라도 그 믿음이나 관행이 매우 그릇되었다면 내집단 성원권에서 실격당할 수 있다는 믿음. 극단주의자는 흔히 이 용어와 배교를 서로 바꿔 써도 좋은 것으로 본다.
적격 내집단 eligible in-group	극단주의 조직이 대표한다고 주장하고 그로부터 성원을 모집하려는 폭넓은 정체성 집합체.
정당성 legitimacy	어느 정체성 집합체가 존재할 권리를 가지며, 그 정체성 집단을 정의하고 유지하고 보호하는 것은 옳다는 믿음.
정체성 identity	한 사람이나 한 집단을 다른 사람들이나 다른 집단들과 구별시킨다고 여겨지는 특질들의 집합.
정체성 집합체 identity collective	공통의 국가, 종교, 인종을 비롯한 공통의 특성, 이해관계, 관심사로 규정되는 사람들의 집단.
종말론 믿음 apocalyptic belief	외집단이 머지않아 역사의 총체적 종말을 불러오리라는 믿음.
증오범죄 hate crime	외집단 성원을 겨냥한 비조직적 폭력.
집단학살 genocide	외집단 성원에 대해 대규모로 벌이는 조직적 살육.

  극단주의

차별 discrimination	외집단을 향한 비폭력 적대 행위로서, 내집단 성원에게 주어지는 혜택을 외집단 성원에게는 주지 않는 방식으로 흔히 나타난다.

천년왕국 믿음 millenarian belief	지금 세상의 종말과 유토피아 세상의 확립으로 이어질 어떤 사건이 빠르게 다가오고 있다는 믿음.

탄압 oppression	외집단을 향한 공격적이고 조직적인 차별로서, 때로는 조직적 폭력까지 포함하며, 보통은 명시적이고 합법적인 틀을 포함한다.

테러리즘 terrorism	정치적 목표나 이데올로기적 목표를 선전하거나 정치적 메시지나 이데올로기적 메시지를 증폭하기 위해 비정부 개인이나 집단이 비전투원에게 저지르는 공공연한 폭력.

특성 traits	집단 성원에게 해당하는 기술적記述的 특질들로서, (피부색이나 모발 종류와 같은) 신체적 특질, (지능이나 창의성과 같은) 정신적 특질, (사투리, 속어, 억양과 같은) 사회적 특질, (덕성이나 경건함과 같은) 영적인 특질을 포함한다.

폭력적 극단주의 violent extremism	내집단의 성공이나 생존이 외집단을 겨냥한 폭력의 요구와 결코 분리될 수 없다는 신념.

해법 solution	극단주의자의 주장에 따르면 내집단이 위기를 해결하기 위해 외집단에 해야 하는 특정한 적대 행위.

주석

1장 멸망해야 한다

1   Jacobellis v. Ohio, 378 U.S. 184, 197 (1964) (Stewart, J., concurring).

2   "Extremism," accessed March 15, 2018, from Merriam-Webster.com. https://www.merriam-webster.com/dictionary/extremism.

3   D. Elaine Pressman, "Risk Assessment Decisions for Violent Political Extremism," report 2009-02, Public Safety Canada, Government of Canada, 2007, October 2009.

4   J. C. Van Es and Daniel J. Koenig, "Social Participation, Social Status and Extremist Political Attitudes," *Sociological Quarterly* 17, no. 1 (1976): 16-26; Lasse Lindekilde, "Neo-liberal Governing of 'Radicals': Danish Radicalization Prevention Policies and Potential Iatrogenic Effects," *International Journal of Conflict and Violence* 6, no. 1 (2012): 109; Cas Mudde, "Right-Wing Extremism Analyzed," *European Journal of Political Research* 27, no. 2 (1995): 203-224.

5   Charles S. Liebman, "Extremism as a Religious Norm," *Journal for the Scientific Study of Religion* (1983): 75-86.

6   Lorraine Bowman-Grieve, "Anti-abortion Extremism Online," *First Monday* 14, no. 11 (2009); Polina Zeti and Elena Zhirukhina, "Information Opposition to Extremism as a Way to Reduce Tension in the Northern Caucasus," *Caucasus & Globalization* 6, no. 2 (2012): 22-30.

7   Albert Breton, Gianluigi Galeotti, Pierre Salmon, and Ronald Wintrobe, eds., *Political Extremism and Rationality* (New York: Cambridge University Press, 2002), 25; Charlie Edwards and Luke Gribbon, "Pathways to Violent Extremism in the Digital Era," *RUSI Journal* 158, no. 5 (2013): 40-47; Arie W. Kruglanski, Katarzyna Jasko, Marina Chernikova, Michelle Dugas, and David Webber, "To the Fringe and Back: Violent Extremism and the Psychology of Deviance," *American Psychologist* 72, no. 3 (2017): 217.

8   2017년 9월 10일 구글 스콜라에 접속해 '지하디즘(Jihadism)'을 검색하자 1만 600개의 결과가 나온 반면 '백인 민족주의(White nationalism)'는 3370개였다.

9   Emily Shugerman, "Sebastian Gorka Said White Supremacists Were 'Not the Problem' Days before Charlottesville," *The Independent*, Au-

gust 14, 2017; Nathan Guttman, "Sebastian Gorka's Wife Pushed Cuts to Group Fighting White Supremacists," *Forward*, August 16, 2017, http://forward.com/news/breaking-news/380075/sebastian-gorkas-wife-pushed-cuts-to-group-fighting-white-supremacists.

10 Ben Kiernan, "The First Genocide: Carthage, 146 BC," *Diogenes* 51, no. 3 (2004): 27–39.

11 Erich S. Gruen, "Romans and Others," *A Companion to the Roman Republic* (2006): 457–477.

12 Kiernan, "The First Genocide."

13 Norman M. Naimark, *Genocide: A World History* (New York: Oxford University Press, 2016), 5–12.

14 Shimon Applebaum, "The Zealots: The Case for Revaluation," *Journal of Roman Studies* 61 (1971): 155–70; H. Paul Kingdon, "Who Were the Zealots and Their Leaders in AD 66?," *New Testament Studies* 17, no. 1 (1970): 68–72.

15 David Goodblatt, "Priestly Ideologies of the Judean Resistance," *Jewish Studies Quarterly* 3, no. 3 (1996): 225–249; Sidney B. Hoenig, "The Sicarii in Masada: Glory or Infamy?," *Tradition: A Journal of Orthodox Jewish Thought* 11, no. 1 (1970): 5–30.

16 Josephus, *The Wars of the Jews*, book 1, chap. 13, ca. 78 CE, http://www.gutenberg.org/files/2850/2850-h/2850-h.htm; Hoenig, "The Sicarii in Masada."

17 시카리 이야기에 대한 가장 최근의 이의는 다음을 참조하라. Ilan Ben Zion, "New Archaeology Shows 'Refugee Camp,' Not Just Rebels, Atop Masada," September 10, 2017, http://forward.com/news/israel/382132/exclusive-new-archaeology-shows-refugee-camp-not-just-rebels-atop-masada.

18 Cyril Glasse, *The New Encyclopedia of Islam*, 3rd ed. (Lanham, MD: Rowman & Littlefield, 2008), 255.

19 Everett K. Rowson, ed., *The History of al-Tabari*, vol. 22, *The Marwanid Restoration: The Caliphate of 'Abd al-Malik AD 693–701/AH 74–81* (Albany: State University of New York Press, 1989), 35n.

20 Elaine Pagels, "Irenaeus, the 'Canon of Truth,' and the 'Gospel of John,' 'Making a Difference' through Hermeneutics and Ritual," *Vigilae Christianae* 56, no. 4 (2002): 339–371.

21 Keith Lewinstein, "Making and Unmaking a Sect: The Heresiogra-

phers and the Ṣufriyya," *Studia Islamica* (1992): 75–96.

22 Nelly Lahoud, *The Jihadis' Path to Self-Destruction* (London: Hurst, 2010), 31–32.

23 Thomas Sizgorich, *Violence and Belief in Late Antiquity: Militant Devotion in Christianity and Islam* (Philadelphia: University of Pennsylvania Press, 2010), 17–18.

24 Josef W. Meri, ed., *Medieval Islamic Civilization: An Encyclopedia*, Vol. 1 (New York: Routledge, 2005), 436.

25 Daniel Walther, "A Survey of Recent Research on the Albigensian Cathari," *Church History* 34, no.2 (1965): 146–177, http://www.jstor.org/stable/3162901; Catherine Leglu, Rebecca Rist, and Claire Taylor, eds., *The Cathars and the Albigensian Crusade: A Sourcebook* (New York: Routledge, 2013), 37–38.

26 Colin Tatz and Winton Higgins, *The Magnitude of Genocide* (Santa Barbara, CA: Praeger, 2016), 214; Naimark, *Genocide*, 2016, 31–33.

27 Naimark, *Genocide*, 34–38.

28 Juan Gines de Sepulveda, "Democrates Alter, or, on the Just Causes for War against the Indians," 1544, http://www.columbia.edu/acis/ets/CCREAD/sepulved.htm.

29 Naimark, *Genocide*, 48–49.

30 John Francis Maxwell, *Slavery and the Catholic Church: The History of Catholic Teaching Concerning the Moral Legitimacy of the Institution of Slavery* (London: Barry Rose Publishers in Association with the Anti-Slavery Society for the Protection of Human Rights, 1975), 45–91.

31 Drew Gilpin Faust, ed., *The Ideology of Slavery: Proslavery Thought in the Antebellum South, 1830–1860* (Baton Rouge: Louisiana State University Press, 1981).

32 Thomas R. Dew, *Review of the Debate [on the Abolition of Slavery] in the Virginia Legislature of 1831 and 1832* (Richmond, VA: T. W. White, 1832).

33 Faust, *The Ideology of Slavery*, 9–12.

34 Junius P. Rodriguez, ed., *Slavery in the United States: A Social, Political, and Historical Encyclopedia*, vol. 1 (Santa Barbara, CA: ABC-CLIO, 2007), 165, 497–498.

35 Richard J. Evans, *The Coming of the Third Reich* (New York: Penguin, 2005), Kindle locations 816–947.

36 Rudolph J. Rummel, *Democide: Nazi Genocide and Mass Murder* (New York: Transaction, 1992), 11–14.

37 Robert S. Wistrich, *Hitler' Apocalypse: Jews and the Nazi Legacy* (London: Weidenfeld & Nicolson, 1985), chaps. 9–12.

38 J. M. Berger, "Without Prejudice: What Sovereign Citizens Believe," Program on Extremism, George Washington University, June 2016, https://cchs.gwu.edu/sites/cchs.gwu.edu/files/downloads/Occasional%20Paper_Berger.pdf.

39 Naimark, *Genocide*, 86–90, 131–136.

40 J. M. Berger, *Jihad Joe: Americans Who Go to War in the Name of Islam* (Washington, DC: Potomac Books, 2011), Kindle locations 203–334.

41 Ibid., Kindle locations 1167–1198, 1165–1327; Vesna Pesic, "Serbian Nationalism and the Origins of the Yugoslav Crisis," 1996, https://www.usip.org/sites/default/files/pwks8.pdf; interview with Peter Galbraith, former U.S. ambassador to Croatia, May 2009; interview with Tony Lake, former U.S. national security advisor, May 2009; interview with Fotini Christia, assistant professor of political science, Massachusetts Institute of Technology, May 2009.

42 "Bosnia & Herzegovina: Extremism & Counter-Extremism," Counter Extremism Project, 2017, https://www.counterextremism.com/countries/bosnia-herzegovina; Ron Synovitz, "Slobo Street? Serb Nationalists Redouble Efforts to Honor Milosevic," Radio Free Europe/Radio Liberty, August 12, 2017, https://www.rferl.org/a/serbia-milosevic-nationalists-street-name/28672918.html.

43 Lawrence Wright, *The Looming Tower: Al-Qaeda and the Road to 9/11* (NewYork: Knopf, 2006).

44 Jessica Stern and J. M. Berger, *ISIS: The State of Terror* (New York: HarperCollins, 2015), chaps. 5–6.

45 "Syrian President Bashar al-Assad: Facing Down Rebellion," BBC News, October 21, 2015, http://www.bbc.com/news/10338256.

46 Tom Miles, "Syrian Opposition 'Fed Up with Terrorists,' Seeks Help against Assad," Reuters, March 26, 2017, http://www.reuters.com/article/us-mideast-crisis-syria-opposition-idUSKBN16X0ZR.

47 Cole Bunzel, "Abandoning al-Qaida: Tahrir al-Sham and the Concerns of Sami al-'Uraydi," *Jihadica*, May 12, 2017, http://www.jihadica.com/abandoning-al-qaida.

48 Charles R. Lister, *The Syrian Jihad: Al-Qaeda, the Islamic State and the Evolution of an Insurgency* (New York: Oxford University Press, 2016), chap. 9.

49 Ian Fisher, "In Palestinian Power Struggle, Hamas Moderates Talk on Israel," *New York Times*, May 1, 2017, https://www.nytimes.com/2017/05/01/world/middleeast/hamas-fatah-palestinians-document.html.

50 "From Alt Right to Alt Lite: Naming the Hate," Anti-Defamation League, accessed September 15, 2017, https://www.adl.org/education/resources/backgrounders/from-alt-right-to-alt-lite-naming-the-hate.

51 Thomas Fuller, "Extremism Rises among Myanmar Buddhists," *New York Times*, June 20, 2013, http://www.nytimes.com/2013/06/21/world/asia/extremism-rises-among-myanmar-buddhists-wary-of-muslim-minority.html.

2장 극단주의란 무엇인가?

1 Hannah Arendt, "Ideology and Terror: A Novel Form of Government," *Review of Politics* 15, no. 3 (1953): 303–327.

2 Henri Tajfel, M. J. Billig, R. P. Bundy, and Claude Flament, "Social Categorization and Intergroup Behaviour," *European Journal of Social Psychology* 1, no. 2 (1971): 149–178; Henry Tajfel, "Social Identity and Intergroup Behaviour," *Information (International Social Science Council)* 13, no. 2 (1974): 65–93; Henri Tajfel and John C. Turner, "An Integrative Theory of Intergroup Conflict," *Social Psychology of Intergroup Relations* 33, no. 47 (1979): 74; Henri Tajfel, "The Social Identity Theory of Intergroup Behavior," *Introducing Social Psychology* (New York: Penguin Books, 1978): 401–466.

3 이러한 정의들은 꽤 개별화되고 특이할 수 있다. 예를 들어 이데올로기는 한 계급이 적절한 잉여 노동력과 생산물을 자신의 이익을 위해 획득하고 사용할 수 있는 의식의 탈구된 형태로 정의된다. Edris Salim El Hassan, "On Ideology: The Case of Religion in Northern Sudan," PhD dissertation, University of Connecticut, 1980.

4 Jean Anyon, "Ideology and United States History Textbooks," *Harvard Educational Review* 49, no. 3 (1979): 361–386; Peter Wiles, "Ideology, Methodology, and Neoclassical Economics," *Journal of Post Keynesian Economics* 2, no. 2 (1979): 155–180; Nels Johnson, "Palestinian Refugee

극단주의

Ideology: An Enquiry into Key Metaphors," *Journal of Anthropological Research* 34, no. 4 (1978): 524–539; Louis Althusser, *On Ideology* (London: Verso, 2008).

5   Sarah Kendzior, "How Do You Become 'White' in America?," *De Correspondent*, September 1, 2016, https://thecorrespondent.com/5185/how-do-you-become-white-in-america/1466577856645-8260d4a7.

6   "Nuremberg Laws," *Holocaust Encyclopedia*, United States Holocaust Memorial Museum, accessed September 17, 2017, https://www.ushmm.org/wlc/en/article.php?ModuleId=10007902.

7   다음을 보라. Jason K. Duncan, *Citizens or Papists? The Politics of Anti-Catholicism in New York, 1685–1821* (New York: Fordham University Press, 2005).

8   J. M. Berger, "Without Prejudice: What Sovereign Citizens Believe," Program on Extremism, George Washington University, June 2016.

9   Benedict Anderson and Richard O'Gorman, *Under Three Flags: Anarchism and the Anti-colonial Imagination* (London: Verso, 2005), 75.

10   Alpa Shah, "'The Muck of the Past': Revolution, Social Transformation, and the Maoists in India," *Journal of the Royal Anthropological Institute* 20, no. 2 (2014): 337–356.

11   Rudolf Rocker, *Anarchism and Anarcho-syndicalism* (London: Freedom Press, 1973).

12   "Murder and Extremism in the United States in 2016," Anti-Defamation League Report, Anti-Defamation League, New York, 2017, https://www.adl.org/education/resources/reports/murder-and-extremism-in-the-united-states-in-2016.

13   Mariah Blake, "Mad Men: Inside the Men's Rights Movement—and the Army of Misogynists and Trolls It Spawned," *Mother Jones*, January–February 2015; Jonathon Merritt, "How Christians Turned against Gay Conversion Therapy," *The Atlantic*, April 15, 2015.

14   이 주제에 대한 더 많은 사례는 다음을 보라. Mia Bloom, *Bombshell: Women and Terrorism* (Philadelphia: University of Pennsylvania Press, 2012).

15   Benjamin Politowski, "Terrorism in Great Britain: The Statistics," U.K. House of Commons Briefing Library, June 9, 2016; Susanne Rippl and Christian Seipel, "Gender Differences in Right-Wing Extremism: Intergroup Validity of a Second-Order Construct," *Social Psychology*

Quarterly 62, no. 4 (1999): 381–393.

16 For example, David Duke, "Defense of White Women and the Vicious Jewish Attack on Trump as the 'Anti-Christ!,'" *David Duke Radio Show*, February 20, 2016; "Pregnant White Women," Stormfront (forum thread), January 16, 2016.

17 Jessica Stern and J. M. Berger, *ISIS: The State of Terror* (New York: HarperCollins, 2015), 89–91.

18 Ibid., 216.

19 J. M. Berger, *Jihad Joe: Americans Who Go to War in the Name of Islam* (Washington, DC: Potomac Books, 2011), Kindle locations 1246, 1689, 4013–4022; "37,000 White Women Raped by Blacks in 2005," *White News Now*, August 14, 2014; "The Islamic Rape Epidemic of White Women and Children," Stormfront (forum thread), September 4, 2014.

20 Cassandra Vinograd, "ISIS Hurls Gay Men off Buildings, Stones Them: Analysts," NBC News, August 26, 2015, https://www.nbcnews.com/storyline/isis-terror/isis-hurls-gay-men-buildings-stones-them-analysts-n305171.

21 "Persecution of Homosexuals in the Third Reich," *Holocaust Encyclopedia*, United States Holocaust Memorial Museum, accessed September 20, 2017, https://www.ushmm.org/wlc/en/article.php?ModuleId 10005261.

22 Federal Bureau of Investigation, "Texas Reserve Militia," FBI Letterhead Memorandum, December 21, 1990, obtained by the author through the Freedom of Information Act.

23 "The Safety Valve," *Instauration*, June 1995; "Back Talk," *Instauration*, June 1995.

24 Donna Minkowitz, "How the Alt-Right Is Using Sex and Camp to Attract Gay Men to Fascism," *Slate*, June 5, 2017, http://www.slate.com/blogs/outward/2017/06/05/how_alt_right_leaders_jack_donovan_and_james_o_meara_attract_gay_men_to.html.

25 These definitions are adapted and revised from J. M. Berger, "Extremist Construction of Identity: How Escalating Demands for Legitimacy Shape and Define In-Group and Out-Group Dynamics," *International Centre for Counter-Terrorism–The Hague* 8, no. 7 (2017).

26 Alex P. Schmid, "The Definition of Terrorism," *The Routledge Handbook of Terrorism Research*, ed. Alex P. Schmid, 30–157 (New York:

Routledge Handbooks Online, 2011).

3장 내집단과 외집단

1 Henri Tajfel and John C. Turner, "The Social Identity Theory of Inter-group Behavior" (1979), in *Political Psychology: Key Readings*, ed. John T. Jost and James Sidanius (New York: Psychology Press, 2004), 276–293.

2 J. M. Berger, "Extremist Construction of Identity: How Escalating Demands for Legitimacy Shape and Define In-Group and Out-Group Dynamics," *International Centre for Counter-Terrorism–The* Hague 8, no. 7 (2017).

3 Margaret R. Somers and Gloria D. Gibson, "Reclaiming the Epistemological Other: Narrative and the Social Constitution of Identity," CRSO Working Paper 499, Center for Research on Social Organization, June 1993.

4 Jonathan Friedman, "Myth, History, and Political Identity," *Cultural Anthropology* 7, no. 2 (1992): 194–210.

5 James E. Landing, *Black Judaism: Story of an American Movement* (Durham, NC: Carolina Academic Press, 2002); Stuart Kirsch, "Lost Tribes: Indigenous People and the Social Imaginary," *Anthropological Quarterly* (1997): 58–67.

6 Berger, "Extremist Construction of Identity."

7 Ibid.

8 Ibid.

9 Ibid.; Michael J. Vlach, "Various Forms of Replacement Theology," *Master' Seminary Journal* 20, no. 1 (2011): 57–69.

10 Jennifer K. Bosson, Amber B. Johnson, Kate Niederhoffer, and William B. Swann Jr., "Interpersonal Chemistry through Negativity: Bonding by Sharing Negative Attitudes about Others," *Personal Relationships* 13, no. 2 (2006): 135–150, http://uwf.edu/svodanov/AS/Bonding-Social-Identity.pdf.

11 Shiraz Maher, *Salafi-Jihadism:* The History of an Idea (London: Hurst, 2016), 36–39; Hassan Hassan, "The Sectarianism of the Islamic State: Ideological Roots and Political Context," Carnegie Endowment for International Peace, June 13, 2016.

12 Bart D. Ehrman, *Lost Christianities: The Battles for Scripture and the Faiths We Never Knew* (New York: Oxford University Press, 2005).

13 "Heresy," accessed on March 19, 2018, from New Advent, *The Catholic Encyclopedia.* http://www.newadvent.org/cathen/07256b.htm.

14 Elaine Pagels, "Irenaeus, the 'Canon of Truth,' and the 'Gospel of John': 'Making a Difference' through Hermeneutics and Ritual," *Vigiliae christianae* 56, no. 4 (2002): 339–371.

15 Alexander Roberts and James Donaldson, eds., *The Ante-Nicene Fathers.* Vol. 1: *The Apostolic Fathers–Justin Martyr–Irenaeus* (Grand Rapids, MI: William B. Eerdmans, 1956); accessed in Kindle edition prepared by Matjaž Črnivec, *Against Heresies and Fragments* (Annotated). (Kindle Locations 8041-8099, 2012); Pagels, "Irenaeus, the 'Canon of Truth.'"

16 Sidney Z. Ehler and John B. Morrall, eds., *Church and State through the Centuries: A Collection of Historic Documents with Commentaries* (New York: Biblo and Tannen, 1967), 7–9.

17 Rosemary Ruether, *Faith and Fratricide: The Theological Roots of Anti-Semitism* (Eugene, OR: Wipf and Stock, 1996), 128–129.

18 Robert L. Wilken, *John Chrysostom and the Jews: Rhetoric and Reality in the Late Fourth Century* (Eugene, OR: Wipf and Stock, 2004), 68.

19 Thomas Sizgorich, *Violence and Belief in Late Antiquity: Militant Devotion in Christianity and Islam* (Philadelphia: University of Pennsylvania Press, 2012), 35–40.

20 Jennifer Barry, "Diagnosing Heresy: Ps.-Martyrius's Funerary Speech for John Chrysostom," *Journal of Early Christian Studies* 24, no. 3 (2016): 395–418.

21 Sizgorich, *Violence and Belief,* 108–111, 127–143.

22 Anita M. Waters, "Conspiracy Theories as Ethnosociologies: Explanation and Intention in African American Political Culture," *Journal of Black Studies* 28, no. 1 (1997): 112–125.

23 Thomas F. Pettigrew and Linda R. Tropp, "A Meta-analytic Test of Intergroup Contact Theory," *Journal of Personality and Social Psychology* 90, no. 5 (2006): 751; Keith N. Hampton, Chul-joo Lee, and Eun Ja Her, "How New Media Affords Network Diversity: Direct and Mediated Access to Social Capital through Participation in Local Social Settings," *new media & society* 13, no. 7 (2011): 1031–1049; Eytan Bakshy,

Solomon Messing, and Lada A. Adamic, "Exposure to Ideologically Diverse News and Opinion on Facebook," *Science* 348, no. 6239 (2015): 1130–1132.

24 "U.S. Muslims Concerned about Their Place in Society, but Continue to Believe in the American Dream," Pew Research Center, July 26, 2017, p. 128, http://assets.pewresearch.org/wp-content/uploads/sites/11/2017/07/25171611/U.S.-MUSLIMS-FULL-REPORT.pdf.

25 Ted Goertzel, "Belief in Conspiracy Theories," *Political Psychology* (1994): 731–742; Timothy Zaal, "I Used to Be a Neo-Nazi. Charlottesville Terrifies Me," *Politico*, August 18, 2017, http://www.politico.com/magazine/story/2017/08/18/former-neo-nazi-charlottesville-terrifies-me-215502.

4장 위기와 해법

1 H. J. Ingram, "A 'Linkage-Based' Approach to Combating Militant Islamist Propaganda: A Two-Tiered Framework for Practitioners," *International Centre for Counter-Terrorism–The Hague* 7, no. 6 (2016); H. J. Ingram, "The Strategic Logic of the 'Linkage-Based' Approach to Combating Militant Islamist Propaganda: Conceptual and Empirical Foundations," *International Centre for Counter-Terrorism–The Hague* 8, no. 6 (2017).

2 이것은 주관적 판단이다. 극단주의자들이 자신들이 대변한다고 주장하는 적격한 내집단의 참된 역사나 본질을 이해한다고 가정해서는 안 된다.

3 Aaron Zelin, "The Intellectual Origins of al-Qaeda's Ideology: The Abolishment of the Caliphate through the Afghan Jihad, 1924–1989," master's thesis, Brandeis University, 2010; Hassan Hassan, "The Sectarianism of the Islamic State: Ideological Roots and Political Context," Carnegie Endowment for International Peace, June 13, 2016.

4 Pedro Domingos, "The Role of Occam's Razor in Knowledge Discovery," *Data Mining and Knowledge Discovery* 3, no. 4 (1999): 409–425.

5 Allison G. Smith, "From Words to Action: Exploring the Relationship between a Group's Value References and Its Likelihood of Engaging in Terrorism," *Studies in Conflict & Terrorism* 27, no. 5 (2004): 409–437.

6 Hannah Darwin, Nick Neave, and Joni Holmes, "Belief in Conspiracy Theories: The Role of Paranormal Belief, Paranoid Ideation and

Schizotypy," *Personality and Individual Differences* 50, no. 8 (2011): 1289-1293.

7 호프스태터는 그의 에세이에서 '편집증(paranoid)'이라는 단어를 임상적으로 사용하기보다는 일상적 의미로 사용하고 있다는 것을 명시하고 있다.

8 Richard Hofstadter, *The Paranoid Style in American Politics* (New York: Vintage, 2012), 36.

9 Ted Goertzel, "Belief in Conspiracy Theories," *Political Psychology* 15, no. 4 (1994): 731-742.

10 Anita M. Waters, "Conspiracy Theories as Ethnosociologies: Explanation and Intention in African American Political Culture," *Journal of Black Studies* 28, no. 1 (1997): 112-125.

11 Steve Oswald, "Conspiracy and Bias: Argumentative Features and Persuasiveness of Conspiracy Theories," Ontario Society for the Study of Argumentation, 2016.

12 Hofstadter, *The Paranoid Style*, 35.

13 J. M. Berger, "The *Turner* Legacy: The Storied Origins and Enduring Impact of White Nationalism's Deadly Bible," *International Centre for Counter-Terrorism–The Hague* 7, no. 8 (2016).

14 Berger, "The *Turner* Legacy."

15 Melissa Ames, "Engaging 'Apolitical' Adolescents: Analyzing the Popularity and Educational Potential of Dystopian Literature Post-9/11," *High School Journal* 97, no 1 (2013): 3-20; Alex Campbell, "Why Is Dystopian Fiction Still So Popular?," *The Guardian*, November 18, 2014, https://www.theguardian.com/childrens-books-site/2014/nov/18/hunger-games-dystopian-fiction-appeal-to-teenagers-alex-campbell.

16 J. M. Berger, "When? A Prophetical Novel of the Very Near Future," World Gone Wrong (blog), April 17. 2017, http://www.worldgonewrong.net/2017/04/when-prophetical-novel-of-very-near.html.

17 Patricia L. Dunmire, "Preempting the Future: Rhetoric and Ideology of the Future in Political Discourse," *Discourse & Society* 16, no. 4 (2005): 481-513; Keith Aoki and John Shuford, "Welcome to Amerizona–Immigrants Out! Assessing 'Dystopian Dreams' and 'Usable Futures' of Immigration Reform, and Considering Whether 'Immigration Regionalism' Is an Idea Whose Time Has Come," *Fordham Urban Law Journal* 38 (2010): 1.

18 Anwar al-Awlaki, "Lessons from the Companions Living as a Minori-

ty," paper presented at JIMAS Conference, University of Leicester, UK, August 2002.

19   Aric McBay, Lierre Keith, and Derrick Jensen, *Deep Green Resistance: Strategy to Save the Planet* (New York: Seven Stories Press, 2011).

20   Norman Cohn, *The Pursuit of the Millennium: Revolutionary Millenarians and Mystical Anarchists of the Middle Ages*, rev. ed. (New York: Oxford University Press, [1970] 2011), expanded Kindle edition locations 816–957.

21   "crisis," *Merriam-Webster*, https://www.merriam-webster.com/dictionary/crisis.

22   Jessica Stern and J. M. Berger, *ISIS: The State of Terror* (New York: HarperCollins, 2015), 104–125.

23   This section is adapted in part from J. M. Berger, "Extremist Construction of Identity: How Escalating Demands for Legitimacy Shape and Define In-Group and Out-Group Dynamics," *International Centre for Counter-Terrorism–The Hague* 8, no. 7 (2017).

24   "*Protocols of the Elders of Zion:* Timeline," *Holocaust Encyclopedia*, U.S. Holocaust Memorial Museum, https://www.ushmm.org/wlc/en/article.php?ModuleId=10007244; Sergei Nilus, *The Protocols and World Revolution: Including a Translation and Analysis of the "rotocols of the Meetings of the Zionist Men of Wisdom"*(Boston: Small, Maynard, 1920).

25   Richard Landes and Steven T. Katz, *The Paranoid Apocalypse: A Hundred-Year Retrospective on the Protocols of the Elders of Zion* (New York: NYU Press, 2012), 114.

26   Ibid. 다음도 보라. "*Protocols of the Elders of Zion: Timeline.*"

27   Henry Ford, *The International Jew: Aspects of Jewish Power in the United States*, vol. 4. (Dearborn, MI: Dearborn Publishing Company, 1922).

28   H. Ben Judah, *When? A Prophetical Novel of the Very Near Future* (Vancouver: British Israel Association of Greater Vancouver, 1944).

29   Edward Rothstein, "The Anti-Semitic Hoax That Refuses to Die," *New York Times*, April 21, 2006; Emma Gray Ellis, "The Internet Protocols of the Elders of Zion," *Wired*, March 12, 2017.

30   Riaz Hassan, "Interrupting a History of Tolerance: Anti-Semitism and the Arabs," *Asian Journal of Social Science* 37, no. 3 (2009): 452–462; "Jordanian TV Series on 'Protocols of Elders of Zion': The Abhorred, Treacherous Jews Are the World's Masters, Corrupters, Executioners,"

Middle East Media Research Institute, April 2–6, 2017, https://www.memri.org/tv/jordan-media-director-protocols-elders-zion-abhorred-treacherous-jews.

31 Maura Conway, "Terrorism and the Making of the 'New Middle East': New Media Strategies of Hezbollah and al Qaeda," in *New Media and the New Middle East*, ed. Philip Seib (New York: Palgrave Macmillan, 2007), 235–258; Lawrence Wright, *The Terror Years: From al-Qaeda to the Islamic State* (New York: Vintage, 2017), 298.

32 Haroro J. Ingram, "Deciphering the Siren Call of Militant Islamist Propaganda: Meaning, Credibility, and Behavioural Change," The International Centre for Counter-Terrorism research paper, The Hague, September 2016.

33 Abdullahi A. An-Na'im, "Religious Minorities under Islamic Law and the Limits of Cultural Relativism," *Human Rights Quarterly* 9, no. 1 (1987): 1.

34 Dan Baum, "Legalize It All," *Harper's Magazine*, April 2016, https://harpers.org/archive/2016/04/legalize-it-all.

35 Janelle Jones, "The Racial Wealth Gap: How African-Americans Have Been Shortchanged out of the Materials to Build Wealth," Economic Policy Institute, February 13, 2017, http://www.epi.org/blog/the-racial-wealth-gap-how-african-americans-have-been-shortchanged-out-of-the-materials-to-build-wealth.

36 Kathy Marks, *Faces of Right Wing Extremism* (Wellesley, MA: Branden-Books, 1996), 78, 134, 142.

37 James B. Jacobs and Kimberly Potter, *Hate Crimes: Criminal Law and Identity Politics* (New York: Oxford University Press, 2000).

38 Hannah Arendt, "Reflections on Violence," *Journal of International Affairs* 23, no. 1 (1969): 1–35; Martin Shubik, "Terrorism, Technology, and the Socioeconomics of Death," Comparative Strategy 16, no. 4 (1997): 399–414.

39 J. M. Berger, "A Definition of Terrorism," Intelwire.com, June 21, 2015, http://news.intelwire.com/2015/06/a-definition-of-terrorism.html.

40 Ellen Knickmeyer, "Blood on Our Hands," *Foreign Policy*, October 25, 2010; Bobby Ghosh, "An Eye for an Eye," *Time*, February 26, 2006.

41 Stern and Berger, *ISIS*, 281.

42 Karl Ove Knausgaard, "Inside the Warped Mind of Anders Breivik,"

The Telegraph, July 18, 2015, reprinted July 22, 2016, http://www.telegr aph.co.uk/news/2016/07/22/anders-breivik-inside-the-warped-mind-of-a-mass-killer.

43 "The 'Final Solution': Background & Overview," Jewish Virtual Library, accessed September 23, 2017, http://www.jewishvirtuallibrary.org/background-and-overview-of-the-quot-final-solution-quot.

44 Berger, "The *Turner* Legacy."

45 Norman M. Naimark, *Genocide: A World History* (New York: Oxford University Press, 2016), 48–56; Walter Richmond, *The Circassian Genocide* (Rutgers, NJ: Rutgers University Press, 2013), 3–8.

46 "Documenting Numbers of Victims of the Holocaust and Nazi Persecution," *Holocaust Encyclopedia*, U.S. Holocaust Memorial Museum, accessed September 23, 2017, https://www.ushmm.org/wlc/en/article.php?ModuleId=10008193.

47 Sam Greenlee, *The Spook Who Sat by the Door: A Novel* (Detroit, MI: Wayne State University Press, 1990).

48 이 부분은 다음의 글을 개작했다. Berger, "The *Turner* Legacy."

49 Lottie L. Joiner, "After Thirty Years, a Controversial Film Re-emerges," *The Crisis*, November/December 2003, 41.

50 그린리의 의혹은 당시 방첩(counterintelligence program, COINTEL-PRO) 프로젝트에서 FBI의 활동을 고려하면 편집증으로 쉽게 일축되지 않는다. 이 주장은 다큐멘터리 〈할리우드 침투하기(ChiTrini Productions, 2011)〉에서 보다 깊이 탐구되었다.

51 J. M. Berger, "The John Franklin Letters," WorldGoneWrong.net, September 12, 2016, http://www.worldgonewrong.net/2016/09/the-john-franklin-letters.html.

5장 급진화

1 Portions of this section are adapted from J. M. Berger, "Making CVE Work: A Focused Approach Based on Process Disruption," *International Centre for Counter-Terrorism–The Hague 7*, no. 5 (2016).

2 Kevin B. Goldstein, "Unemployment, Inequality and Terrorism: Another Look at the Relationship between Economics and Terrorism," *Undergraduate Economic Review* 1, no. 1 (2005): 6, http://digitalcom mons.iwu.edu/cgi/viewcontent.cgi?article=1006&context=uer; James

A. Piazza, "The Determinants of Domestic Right-Wing Terrorism in the USA: Economic Grievance, Societal Change and Political Resentment," *Conflict Management and Peace Science* 34, no. 1 (2015): 52–80, http://journals.sagepub.com/doi/abs/10.1177/0738894215570429; James A. Piazza, "Rooted in Poverty?: Terrorism, Poor Economic Development, and Social Cleavages," *Terrorism and Political Violence* 18, no. 1 (2006): 159–177, http://www.tandfonline.com/doi/abs/10.1080/09546 5590944578; Edward Newman, "Exploring the 'Root Causes' of Terrorism," *Studies in Conflict and Terrorism* 29, no. 8 (2006): 749–772, http://www.tandfonline.com/doi/abs/10.1080/10576100600704069; Andreas E. Feldmann and Maiju Perälä, "Reassessing the Causes of Nongovernmental Terrorism in Latin America," *Latin American Politics and Society* 46, no. 2 (2004): 101–132, http://onlinelibrary.wiley.com/doi/10.1111/j.1548-2456.2004.tb00277.x/abstract.

3   Efraim Benmelech and Esteban F. Klor, *What Explains the Flow of Foreign Fighters to ISIS?,*. NBER Working Paper No. 22190, National Bureau of Economic Research, 2016, http://www.nber.org/papers/w22190.

4   Nate Rosenblatt, "All Jihad Is Local: What ISIS' Files Tell Us about Its Fighters," New America, Washington, DC, 2016.

5   Diego Gambetta and Steffen Hertog, "Uncivil Engineers: The Surprising Link between Education and Jihad," *Foreign Affairs*, March 10, 2016, https://www.foreignaffairs.com/articles/2016-03-10/uncivil-engineers.

6   C. Berrebi, "Evidence about the Link between Education, Poverty and Terrorism among Palestinians," *Peace Economics, Peace Science and Public Policy* 13, no. 1 (2007), http://www.degruyter.com/view/j/peps.2007.13.issue-1/peps.2007.13.1.1101/peps.2007.13.1.1101.xml.

7   Ibid.

8   Rik Coolsaet, "Facing the Fourth Foreign Fighters Wave: What Drives Europeans to Syria, and to Islamic State? Insights from the Belgian Case," Egmont Paper 81, Royal Institute for International Relations, Brussels, March 2016, http://aei.pitt.edu/73708.

9   Michael K. Jerryson and Mark Juergensmeyer, eds., *Buddhist Warfare* (New York: Oxford University Press, 2010), 92.

10   Ibid., 160–164; Francis Wade, *Myanmar' Enemy Within* (Chicago: University of Chicago Press, 2017).

11 Andrew Hough, "Norway Shooting: Anders Behring Breivik Plagiarised 'Unabomber,'" *The Telegraph*, July 24, 2011.

12 For example, Stephen Kinzer, "French, British Colonialism Grew a Root of Terrorism," *Boston Globe*, February 15, 2015; Richard J. Pech and Bret W. Slade, "Religious Fundamentalism and Terrorism: Why Do They Do It and What Do They Want?," *Foresight* 8, no. 1 (2006): 8–10.

13 J. M. Berger, "Extremist Construction of Identity: How Escalating Demands for Legitimacy Shape and Define In-Group and Out-Group Dynamics," *International Centre for Counter-Terrorism–The Hague*, 8, no. 7 (2017); J. M. Berger, "Deconstruction of Identity Concepts in Islamic State Propaganda: A Linkage-Based Approach to Counter-Terrorism Strategic Communications," paper presented at the First European Counter Terrorism Centre (ECTC) Conference on Online Terrorist Propaganda, Europol, The Hague, June 9, 2017; J. M. Berger, "Countering Islamic State Messaging through 'Linkage-Based' Analysis," *International Centre for Counter-Terrorism–The Hague* 8, no. 2 (2017).

14 J. M. Berger, "Tailored Online Interventions: The Islamic State's Recruitment Strategy," *CTC Sentinel* 8, no. 10 (October 2015); Berger, "Making CVE Work."

15 이에 대한 더 많은 것은 다음을 보라. H. J. Ingram, *The Charismatic Leadership Phenomenon in Radical and Militant Islamism* (New York: Routledge, 2016).

16 William McCants, *The ISIS Apocalypse: The History, Strategy, and Doomsday Vision of the Islamic State* (New York: Macmillan, 2015), 34–41.

17 이에 대해 논의하고 싶다면 다음을 보라. Ron Rosenbaum, *Explaining Hitler: The Search for the Origins of His Evil* (Boston: Da Capo Press, [1998] 2014).

18 Aubrey Burl, *God' Heretics: The Albigensian Crusade* (Stroud, Gloucestershire, UK: History Press, 2005), chap. 6 et al.

19 Hannah Arendt, "Ideology and Terror: A Novel Form of Government," *Review of Politics* 15, no. 3 (1953): 303–327.

20 Berger, "Making CVE Work."

21 Clark McCauley and Sophia Moskalenko, "Mechanisms of Political

Radicalization: Pathways toward Terrorism," *Terrorism and Political Violence* 20, no. 3 (2008): 415–433.

22   Stephen Kinzer, "French, British Colonialism Grew a Root of Terrorism," *Boston Globe*, February 11, 2015, https://www.bostonglobe.com/opinion/2015/02/11/french-british-colonialism-bred-root-terrorism/GSaZbcZuqXtbRE9CiwWPcO/story.html; "Oppression of Muslims Only Fosters Terrorism, Pakistani Leader Warns General Assembly," *UN News*, September 19, 2006, http://www.un.org/apps/news/story.asp?NewsID=19893.

23   James Silver, John Horgan, and Paul Gill, "Foreshadowing Targeted Violence: Assessing Leakage of Intent by Public Mass Murderers," *Aggression and Violent Behavior* (December 2017).

24   J. M. Berger, "PATCON: The FBI's Secret War against the 'Patriot' Movement, and How Infiltration Tactics Relate to Radicalizing Influences," New America, May 2012.

25   Peter Byrne, "Anatomy of Terror: What Makes Normal People Become Extremists?," *New Scientist*, August 16, 2017, https://www.newscientist.com/article/mg23531390-700-anatomy-of-terror-what-makes-normal-people-become-extremists.

26   Silver, Horgan, and Gill, "Foreshadowing Targeted Violence."

27   A review of several studies with citations can be found in Henri Tajfel and Michael Billic, "Familiarity and Categorization in Intergroup Behavior," *Journal of Experimental Social Psychology* 10, no. 2 (1974): 159–170.

28   Jason T. Siegel, William D. Crano, Eusebio M. Alvaro, Andrew Lac, David Rast, and Vanessa Kettering, "Dying to Be Popular: A Purposive Explanation of Adolescent Willingness to Endure Harm," in *Extremism and the Psychology of Uncertainty*, ed. Michael A. Hogg and Danielle L. Blaylock, 115–130 (Malden, MA: Wiley-Blackwell, 2012), Kindle location 3703.

29   Michael Hogg, "Self-Uncertainty, Social Identity, and the Solace of Extremism," in *Extremism and the Psychology of Uncertainty*, ed. Michael A. Hogg and Danielle L. Blaylock, 19–35 (Malden, MA: Wiley-Blackwell, 2012).

30   J. Richard Eiser, Tom Stafford, and Russell H. Fazio, "Prejudiced Learning: A Connectionist Account," *British Journal of Psychology* 100,

no. 2 (2009): 399–413.

31 John T. Jost and Roderick M. Kramer, "The System Justification Motive in Intergroup Relations," in *From Prejudice to Intergroup Emotions: Differentiated Reactions to Social Groups*, ed. Diane M. Mackie and Eliot R. Smith, 227–246 (New York: Psychology Press, 2002).

32 Michelle Bal and Kees van den Bos, "From System Acceptance to Embracing Alternative Systems and System Rejection: Tipping Points in Processes of Radicalization," *Translational Issues in Psychological Science* 3, no. 3 (2017): 241.

33 Ibid.

34 Emily Corner and Paul Gill, "A False Dichotomy? Mental Illness and Lone-Actor Terrorism," *Law and Human Behavior* 39, no 1 (2015): 23; Katherine M. Ramsland, *Inside the Minds of Mass Murderers: Why They Kill* (Westport, CT: Praeger, 2005), 42.

35 John Lofland and Rodney Stark, "Becoming a World-Saver: A Theory of Conversion to a Deviant Perspective," *American Sociological Review* 30, no. 6 (1965): 862–875; Jessica Stern and J. M. Berger, *ISIS: The State of Terror* (New York: HarperCollins, 2015), 81; Richard Barrett, "Foreign Fighters in Syria," Soufan Group, June 2014, http://soufangroup.com/wp-content/uploads/2014/06/TSG-Foreign-Fighters-in-Syria.pdf; David C. Rapoport, ed., *Terrorism: The Fourth or Religious Wave* (Taylor & Francis, 2006), 345.

36 Bal and van den Bos, "From System Acceptance to Embracing Alternative Systems and System Rejection."

37 Hogg, "Self-Uncertainty, Social Identity, and the Solace of Extremism," Kindle location 1187.

38 Bal and van den Bos, "From System Acceptance to Embracing Alternative Systems and System Rejection."

39 Hogg, "Self-Uncertainty, Social Identity, and the Solace of Extremism," Kindle location 1279.

40 J. M. Berger, "The Metronome of Apocalyptic Time: Social Media as Carrier Wave for Millenarian Contagion," *Perspectives on Terrorism* 9, no. 4 (2015).

41 Amarnath Amarasingam and J. M. Berger, "With the Destruction of the Caliphate, the Islamic State Has Lost Far More Than Territory," *Monkey Cage* (blog), *Washington Post*, October 31, 2017, https://www.wash

ingtonpost.com/news/monkey-cage/wp/2017/10/31/the-caliphate-that-was.

42 Alison McQueen, "The Apocalypse in U.S. Political Thought," *Foreign Affairs*, July 18, 2016, https://www.foreignaffairs.com/articles/united-states/2016-07-18/apocalypse-us-political-thought.

43 Adam Withnall, "Isis Loses 'Prophesied' Town of Dabiq to Syrian Rebels after Short Battle," *The Independent*, October 16, 2016, http://www.independent.co.uk/news/world/middle-east/isis-dabiq-loses-apocalyptic-prophesy-town-of-dabiq-to-syria-rebels-short-battle-a7363931.html.

6장 극단주의의 미래

1 Carolyn Jensen, "Review of the Printing Revolution in Early Modern Europe," *LORE: Rhetoric, Writing, Culture* 12 (2001); Colin Woodard, "The Power of Luther's Printing Press," *Washington Post*, December 18, 2015, https://www.washingtonpost.com/opinions/the-power-of-luthers-printing-press/2015/12/18/a74da424-743c-11e5-8d93-0af317ed58c9_story.html; Mark Edwards Jr., "Apocalypticism Explained: Martin Luther," Frontline, accessed November 10, 2017, http://www.pbs.org/wgbh/pages/frontline/shows/apocalypse/explanation/martinluther.html.

2 Maja Adena, Ruben Enikolopov, Maria Petrova, Veronica Santarosa, and Ekaterina Zhuravskaya, "Radio and the Rise of the Nazis in Pre-war Germany," *Quarterly Journal of Economics* 130, no. 4 (2015): 1885–1939.

3 J. M. Berger, "Internet Provides Terrorists with Tools—Just Like Everyone Else," Intelwire, July 31, 2011, http://news.intelwire.com/2011/07/internet-provides-terrorists-with-tools.html.

4 J. M. Berger, "#Unfollow: The Case for Kicking Terrorists off Twitter," *Foreign Policy*, February 20, 2013, http://foreignpolicy.com/2013/02/20/unfollow; Jessica Stern and J. M.Berger, *ISIS: The State of Terror* (New York: HarperCollins, 2015), chaps. 10–11.

5 J. M. Berger and Bill Strathearn, "Who Matters Online: Measuring Influence, Evaluating Content and Countering Violent Extremism in Online Social Networks," International Centre for the Study of Radi-

calisation and Politcal Terrorism, London, March 2013; J. M. Berger, "Nazis vs. ISIS on Twitter: A Comparative Study of White Nationalist and ISIS Online Social Media Networks," Program on Extremism, George Washington University, September 2016.

6   Pablo Barbera, "How Social Media Reduces Mass Political Polarization: Evidence from Germany, Spain, and the US," Working Paper, New York University, 2014; Levi Boxell, Matthew Gentzkow, and Jesse M. Shapiro, "Is the Internet Causing Political Polarization? Evidence from Demographics," NBER Working Paper No. 23258, National Bureau of Economic Research, 2017.

7   J. M. Berger, "The Toxic Mix of Extremism and Social Media," Nova Next, September 7, 2016, http://www.pbs.org/wgbh/nova/next/military/extremism-social-media.

8   Matenia Sirseloudi, "Dyadic Radicalisation via Internet Propaganda," paper presented at the Europol Conference on Online Terrorist Propaganda, Europol's European Counter Terrorism Centre, The Hague, April 10–11, 2017; Julia Ebner, *The Rage: The Vicious Circle of Islamist and Far-Right Extremism* (London: Tauris, 2017).

9   J. M. Berger, "Making CVE Work: A Focused Approach Based on ProcessDisruption," *International Centre for Counter-Terrorism–The Hague* 7, no. 5 (2016).

10 Greg Miller and Scott Higham, "In a Propaganda War against ISIS, the U.S. Tried to Play by the Enemy's Rules," *Washington Post*, May 8, 2015.

11 Berger, "Making CVE Work."

12 Spencer Ackerman, "FBI Fired Sebastian Gorka for Anti-Muslim Diatribes," *Daily Beast*, June 21, 2017, https://www.thedailybeast.com/fbi-fired-sebastian-gorka-for-anti-muslim-diatribes; Ayaan Hirsi Ali, "Why the United States Should Back Islam's Reformation," *Dallas Morning News*, August 14, 2015, https://www.belfercenter.org/publication/ayaan-hirsi-ali-why-united-states-should-back-islams-reformation.

13 Hannah Arendt, "Thinking and Moral Considerations: A Lecture," *Social Research* 38, no. 3 (1971): 417–446.

14 This section is adapted from J. M. Berger, "Extremist Construction of Identity: How Escalating Demands for Legitimacy Shape and Define In-Group and Out-Group Dynamics," *International Centre for Count-*

er-Terrorism–The Hague 8, no. 7 (2017).

15 "President Obama's Remarks at the Islamic Society of Baltimore," *Baltimore Sun*, February 3, 2016, http://www.baltimoresun.com/news/maryland/bs-md-obama-mosque-visit-remarks-20160203-story.html.

16 For example, "Developing Effective Counter-Narrative Frameworks for Countering Violent Extremism," Meeting Note, International Centre for Counter-Terrorism–The Hague, September 2014, https://www.dhs.gov/sites/default/files/publications/Developing%20Effective%20Frameworks%20for%20CVE-Hedayah_ICCT%20Report.pdf.

17 Berger, "Extremist Construction of Identity."

18 Akil N. Awan, "Success of the Meta-Narrative: How Jihadists Maintain Legitimacy," *CTC Sentinel* 2, no. 11 (2009): 6–9; William McCants, *The ISIS Apocalypse: The History, Strategy, and Doomsday Vision of the Islamic State* (New York: Macmillan, 2015), 18–20, 37, 79–82.

19 To cite only a few examples: Michael King and Donald M. Taylor, "The Radicalization of Homegrown Jihadists: A Review of Theoretical Models and Social Psychological Evidence," *Terrorism and Political Violence* 23, no. 4 (2011): 602–622; Randy Borum, "Radicalization into Violent Extremism II: A Review of Conceptual Models and Empirical Research," *Journal of Strategic Security* 4, no. 4 (2011): 37; Coyt D. Hargus, "Islamic Radicalization and the Global Islamist Movement: Protecting U.S. National Interests by Understanding and Countering Islamist Grand Strategy with U.S. Policy," Joint Advanced Warfighting School, Joint Forces Staff College, National Defense University, Norfolk, VA, 2013; Peter Neumann and Scott Kleinmann, "How Rigorous Is Radicalization Research?," *Democracy and Security* 9, no. 4 (2013): 360–382; Andrew Hoskins and Ben O'Loughlin, "Media and the Myth of Radicalization," *Media, War, & Conflict* 2, no. 2 (2009): 107–110; Clark McCauley and Sophia Moskalenko, "Mechanisms of Political Radicalization: Pathways toward Terrorism," *Terrorism and Political Violence* 20, no. 3 (2008): 415–433.

20 Jessica Stern and J. M. Berger, *ISIS: The State of Terror* (New York: HarperCollins, 2015), 25–30, 35–39, ff.

21 Steven Pinker, *The Better Angels of Our Nature: Why Violence Has Declined* (New York: Penguin Books, 2012).

22 Dominic Abrams, "Extremism Is Normal: The Roles of Deviance and

Uncertainty in Shaping Groups and Society," in *Extremism and the Psychology of Uncertainty*, ed. Michael A. Hogg and Danielle L. Blaylock, 36–54 (New York: Wiley, 2011).

23   J. M. Berger, "The Awakening," *Foreign Policy*, November 13, 2012, http://foreignpolicy.com/2012/11/13/the-awakening; J. M. Berger, "Fringe Following," *Foreign Policy*, March 28, 2015; http://foreignpolicy.com/2013/03/28/fringe-following; J. M. Berger, "#Unfollow," *Foreign Policy*, February 20, 2013, http://foreignpolicy.com/2013/02/20/unfollow; J. M. Berger, "Following the Money Men," Intelwire, June 14, 2014, http://news.intelwire.com/2014/06/following-money-men.html.

24   John Horgan and Jessica Stern, "Terrorism Research Has Not Stagnated," *Chronicle of Higher Education* 8 (2013).

더 읽을거리

책

- Barkun, Michael. *Religion and the Racist Right: The Origins of the Christian Identity Movement.* Chapel Hill: University of North Carolina Press Books, 1997.
- Hogg, Michael A., and Danielle Blaylock, eds. *Extremism and the Psychology of Uncertainty.* Malden, MA: Wiley, 2012.
- Landes, R., and S. T. Katz, eds. *The Paranoid Apocalypse: A Hundred-Year Retrospective on the Protocols of the Elders of Zion.* New York: NYU Press, 2012.
- McCants, William. *The ISIS Apocalypse: The History, Strategy, and Doomsday Vision of the Islamic State.* New York: Macmillan, 2015.
- Naimark, Norman M. *Genocide: A World History.* New York: Oxford University Press, 2016.
- Stern, Jessica. *Terror in the Name of God: Why Religious Militants Kill.* New York: Ecco, 2004.

논문

- Available free at https://icct.nl/topic/counter-terrorism-strategic-communications-ctsc.
- Berger, J. M. "Extremist Construction of Identity: How Escalating Demands for Legitimacy Shape and Define In-Group and Out-Group Dynamics." *International Centre for Counter-Terrorism–The Hague* 8, no. 7 (2017).
- Berger, J. M. "Making CVE Work: A Focused Approach Based on Process Disruption." *International Centre for Counter-Terrorism–The Hague* 7, no. 5 (2016).
- Ingram, H. J. "A Brief History of Propaganda during Conflict: Lessons for Counter-Terrorism Strategic Communications." *International Centre for Counter-Terrorism–The Hague* 7, no. 6 (2016).
- Ingram, H. J. "The Strategic Logic of the 'Linkage-Based' Approach to Combating Militant Islamist Propaganda: Conceptual and Empirical Foundations." *International Centre for Counter-Terrorism–The Hague*

8, no. 6 (2017).
- Reed, Alastair, H. J. Ingram, and Joe Whittaker. "Countering Terrorist Narratives." European Parliament Policy Department for Citizens' Rights and Constitutional Affairs. November 2017.

극단주의

초판 1쇄 발행 | 2024년 9월 25일

지은이 | J. M. 버거
옮긴이 | 김태한
펴낸이 | 이은성
편　집 | 홍순용
디자인 | 신용진
펴낸곳 | 필로소픽
주　소 | 서울시 종로구 창덕궁길 29-38, 4-5층
전　화 | (02) 883-9774
팩　스 | (02) 883-3496
이메일 | philosophik@naver.com
등록번호 | 제2021-000133호

ISBN 979-11-5783-354-2 93300

필로소픽은 푸른커뮤니케이션의 출판 브랜드입니다.